AF456054

UNIVERSITÉ DE MONTPELLIER

FACULTÉ DE DROIT


# DU CONTRAT SYNALLAGMATIQUE

## THÈSE

POUR LE DOCTORAT ÈS SCIENCES JURIDIQUES

PAR

**M. Henry AZÉMAR**


MONTPELLIER

**IMPRIMERIE CENTRALE DU MIDI**

(HAMELIN FRÈRES)

1900

# DU CONTRAT
## SYNALLAGMATIQUE

8°F
12029

UNIVERSITÉ DE MONTPELLIER
FACULTÉ DE DROIT

# DU CONTRAT SYNALLAGMATIQUE

## THÈSE

POUR LE DOCTORAT ÈS SCIENCES JURIDIQUES

PAR

M. Henry AZÉMAR

MONTPELLIER
IMPRIMERIE CENTRALE DU MIDI
(HAMELIN FRÈRES)

1900

MEIS ET AMICIS

H. AZEMAR.

# DU CONTRAT SYNALLAGMATIQUE

## HISTORIQUE

Les peuplades qui fondèrent Rome étaient composées de laboureurs et de guerriers, gens rudes à qui convenait un droit rigide comme leurs mœurs. Aussi le droit romain primitif est-il surtout caractérisé par sa simplicité. On la retrouve partout, non seulement dans le droit proprement dit, mais dans la procédure qui, à Rome, peut-être plus que partout ailleurs, a toujours été l'image fidèle du droit. Les juges, au début, étaient de simples particuliers, ignorants de toute finesse juridique. Pour ne pas les embarrasser, les plaideurs devaient ramener leurs prétentions à une seule question simple, à laquelle l' « arbiter » répondait par un oui ou par un non. Rien d'étonnant, si, dans une législation pareille, on ne trouve aucun rapport juridique complexe (1). Non seulement le même acte juridique

(1) Cuq, *Institutions juridiques des Romains*, I, liv. III, chapitre XVIII, § I.

n'aurait su y engendrer un droit réel avec une obligation, mais même deux obligations ne pouvaient résulter du même fait.

Si nous étudions le droit des obligations aux origines de Rome, nous n'y trouverons comme sources de l'obligation, à côté des délits, que quelques contrats unilatéraux comme le « nexum » et plus tard la « stipulatio ». C'est en vain qu'on y chercherait un contrat complexe ou synallagmatique. De pareils contrats eussent été, d'ailleurs, bien peu nécessaires, car les familles qui composaient le peuple romain primitif, se sufffisaient à elles-mêmes, soit au moyen de leurs membres, soit au moyen de leurs nombreux esclaves ; les rapports juridiques qu'elles entretenaient entre elles étaient fort peu nombreux (1).

Plus tard, lorsque, sous l'influence de la conquête, le commerce juridique devint plus actif, le besoin de relations plus rapides se fit sentir, et c'est alors que nous voyons apparaître les premiers actes juridiques complexes. Fait à remarquer, ce fut dans le droit des gens et non dans le droit civil que ces contrats nouveaux, engendrant plusieurs obligations, firent leur apparition. Elle dut coïncider avec la grande transformation du système de la procédure ; nous voulons parler du remplacement des vieilles actions de la loi par le système formulaire (2). Le contrat synallagmatique, en effet,

(1) James Muirhead, *Introduction historique au droit privé de Rome*, p. 64.

(2) Girard, *Manuel élémentaire de droit romain*, p. 520.

donnant naissance à plusieurs droits différents, il fallait que chaque contractant pût faire valoir le sien et même, au besoin, l'opposer aux prétentions exagérées de l'autre. Or, comme nous le disions en commençant, pareille chose eût été impossible sous le régime des actions de la loi, où l'on devait scinder la poursuite en deux instances distinctes ; il fallait donc faire deux contrats distincts. Avec le système formulaire le même inconvénient n'existait plus ; un contractant poursuivi pouvait dans la même instance opposer son droit à son adversaire au moyen d'une exception. Aussi sommes-nous amené à penser que l'introduction des contrats synallagmatiques dans le droit romain dut coïncider avec la possibilité pour un contractant d'opposer son propre droit à la poursuite de son cocontractant, c'est-à dire avec l'introduction dans la procédure de l'exception du système formulaire. On s'explique ainsi que, ayant fait leur apparition à une époque relativement assez tardive et dans le droit des gens, les premiers aient été dénués de toute forme, ce qui suppose un assez grand progrès fait par le droit, car celui des Romains, au début, comme celui de tous les peuples primitifs, était un droit essentiellement formaliste.

Nous n'entreprendrons pas une étude detaillée du contrat synallagmatique à Rome, car nous en serions réduit à étudier chacun de ces contrats en particulier, ce qui nous entraînerait trop loin de notre sujet. Le droit romain, en effet, n'a jamais connu, comme la plupart des droits modernes, une théorie générale de notre contrat. Pourtant tous les contrats synallagmatiques y présentent un caractère commun, celui d'être de bonne foi (1). Alors que les anciens contrats unilatéraux, appartenant au *jus civile*, restaient toujours soumis au droit strict, nos contrats faisant leur apparition à une époque plutôt récente et dans le *jus gentium*, furent dès leurs débuts des contrats de bonne foi. Lorsque, sous l'influence de l'équité, les principes, régissant les premiers, s'adoucirent, l'office du législateur se borna à protéger le débiteur en lui permettant de faire insérer dans la formule une exception, au moyen de laquelle il pouvait invoquer tous les moyens susceptibles de le faire absoudre. On réparait ainsi au moment de la poursuite une inégalité ayant existé entre les parties lors de la conclusion du contrat, au moment où le créancier avait dicté la loi que subissait le débiteur. En matière de contrats synallagmatiques, les parties traitant sur un pied d'égalité, on comprend à merveille que le législateur se soit dispensé d'intervenir et les ait laissées toutes deux soumises à la loi commune de l'équité.

Ce défaut d'idée générale dominant la théorie de notre contrat à Rome explique qu'il s'y soit développé sans suivre aucune marche rationnelle. On eût compris qu'après avoir été essentiellement formaliste au début, il se fût formé, dans une période intermédiaire, par l'exécution unilatérale de l'une des obligations, pour devenir enfin dans le dernier état du droit, purement

(1) Labbé, Appendice II au t. III d'Ortolan.

consensuel. En réalité, il n'en a rien été. Les premiers contrats que nous rencontrons, la vente, le louage, etc... sont des contrats consensuels, tandis que les contrats innommés, qui se forment par l'exécution de l'une des obligations qu'ils engendrent, n'apparaissent que tout à fait à la fin du droit romain (1).

Si, maintenant, nous passons à notre ancien droit, nous allons voir qu'il n'en a pas été de même: l'histoire du contrat synallagmatique s'y déroule selon la marche rationnelle que nous venons d'exposer.

Les premiers contrats que connurent les Germains furent avant tout formalistes, et les textes (2) nous disent que le plus souvent la forme consistait dans la remise que faisait une partie contractante à l'autre, d'un objet sans valeur, tel qu'un fétu de paille, un gant, un bout de drap, etc... (3). Les conventions dénuées de formes n'engendraient pas d'action. Il y avait là quelque chose d'analogue aux « pacta nuda » du droit romain. Pourtant, peu à peu, les rigueurs du droit s'adoucirent, et nous assistons au remplacement des anciennes formes par une simple exécution unilatérale (4). On en vint, petit à petit, à accorder une action à la partie qui avait exécuté son obligation pour forcer

(1) On peut considérer comme établi que le système des contrats innommés ne date que de Justinien. (Voy. Girard, *op. citat.*, p. 570-571.)

(2) Loi salique, titre L; loi ripuaire, titre XXXI.

(3) Schulte, *Lehrbuch des deutschen Reichs und Rechtsgeschichte*, § 156.

(4) Lex Wisigoth. V° 4, § 3; Lex Rib. LXI (al. 59), § 1.

l'autre à exécuter la sienne et, même allant plus loin, on finit par ne plus exiger pour la formation du contrat qu'une exécution partielle de l'une des obligations (1). Alors, chose curieuse, nous assistons à un véritable retour en arrière, à une résurrection de l'ancien formalisme, depuis longtemps disparu. Nous voyons, en effet, apparaître certaines pratiques comme celles des arrhes d'abord, puis du « denier à Dieu » (2). Pour que le contrat fût formé, il suffisait qu'une partie donnât à l'autre une pièce de monnaie. Cette dation, considérée d'abord comme un véritable commencement d'exécution, finit par perdre sa signification primitive et ne devint plus qu'une simple formalité, lorsque le denier ainsi donné dut être employé à des usages pieux. Il semblait donc que la théorie des contrats était revenue à son point de départ formaliste; mais elle reprit bientôt, au XIIIe siècle, sa marche en avant et nous la voyons, alors, atteindre sa perfection avec l'introduction, dans le droit, des contrats purement consensuels. Cette introduction se fit sous une double influence. D'abord celle de l'Eglise qui sanctionna les conventions, dont aucune obligation n'avait été exécutée, à la seule condition qu'elles fussent accompagnées du serment (3). Puis et surtout, celle des juristes qui puisèrent dans les textes romains cette

(1) Esmein, *Etudes sur les contrats dans le très ancien droit français*, p. 13.

(2) Esmein, *op. citat.*, p. 24 et suiv.

(3) Viollet, *Précis de l'Histoire du Droit français*, I, p. 510.

idée qu'il faut respecter toutes les conventions intervenues entre les parties, et lui donnèrent une très grande portée d'application. Ce sont eux qui firent faire le dernier pas à l'histoire du contrat synallagmatique, en sanctionnant tous les « pacta nuda ».

On peut dire que, depuis le XIVe siècle, l'idée qui domine aujourd'hui toute la théorie des contrats existe (1). Elle s'est perpétuée à travers les différents auteurs qui ont écrit depuis sur le droit civil, et c'est d'eux que la tient notre Code civil, où elle est devenue l'article 1101, posant en principe absolu que l'accord des volontés suffit pour former un contrat.

(1) Viollet, *loc. citat.*, p. 511.

## NOTIONS GÉNÉRALES

Notre Code civil, dans ses articles 1102 et 1103, distingue nettement le contrat synallagmatique du contrat unilatéral: le premier donnant naissance à deux obligations réciproques, le second à une seule. C'est là une division fondamentale des contrats dans notre droit, et, chaque fois que l'on se trouvera en présence d'un contrat, il importera de déterminer à laquelle de ces deux grandes classes il appartient, car à chacune correspond un certain nombre de règles édictées par notre Code.

Certains auteurs soutiennent, à la suite de Pothier et de bien d'autres, que les contrats synallagmatiques doivent se subdiviser eux-mêmes en contrats synallagmatiques parfaits et imparfaits, ou, comme les appelle Pothier, « moins parfaitement synallagmatiques » (1). La première de ces subdivisions comprendrait les contrats synallagmatiques ordinaires, dont la vente est le type, qui engendrent, dès leur formation, une obligation à la charge de chacune des parties. Dans la deuxième, entreraient les autres contrats synallagmatiques qui, comme le mandat, engendrent bien deux

(1) Pothier, *Traité des obligations*, n° 9 ; Aubry et Rau, *Traité de droit civil*, IV, p. 285, texte et note 2; Larombière, *Théorie des obligations*, I, p. 24 (art. 1101, n° 2) ; Demolombe, *Traité des contrats*, I, n° 22; Vigié, *Traité de droit civil*, II, n° 1107.

obligations, mais dont une seule naît au moment de leur formation, l'autre n'étant qu'éventuelle.

Au premier abord, le Code semble bien traiter ces derniers contrats comme de véritables contrats synallagmatiques. En effet, après avoir parlé dans un premier chapitre des obligations du mandant, etc..., il traite ensuite dans un second des obligations du mandataire, etc... A s'en tenir, donc, à un examen superficiel des textes du Code, nos contrats paraissent bien entrer dans la définition que l'article 1102 donne du contrat synallagmatique. Mais, est-ce bien exact ? Devons-nous les traiter comme des contrats synallagmatiques d'une forme particulière, ou bien ne sont-ce pas simplement, au contraire, des contrats unilatéraux ? Avec beaucoup d'auteurs, nous inclinons plus volontiers vers cette seconde opinion, et voici pour quelles raisons (1).

Lorsqu'il s'agit de déterminer la nature d'une convention, c'est au moment de sa formation qu'il faut se placer et non pas à une époque quelconque de son existence. Pour savoir si un contrat est ou non synallagmatique, il faut rechercher l'intention qu'avaient les parties au moment où elles contractaient, et voir si elles ont entendu donner naissance à une seule ou à plusieurs obligations. Or, si nous agissons ainsi dans l'hypothèse d'un mandat, nous nous apercevons que, au moment

(1) En ce sens voy. : Laurent, *Traité de droit civil*, XV, n° 435; Huc, *Traité de droit civil*, VII, n° 4 ; Baudry-Lacantinerie et Barde, *Obligations*, I, n° 11.

où l'accord des volontés est intervenu, une seule obligation est née du contrat : celle du mandataire. Sans doute, plus tard, si des dépenses sont faites pour l'exécution du mandat, une autre obligation naîtra peut-être à la charge du mandant ; mais, si cette nouvelle obligation est, pour ainsi dire, une suite de celle qui était née du contrat, on ne peut soutenir qu'elle en ait été la cause (1). Elle n'était donc pas contenue dans la convention qui a fait l'objet du consentement des parties, et, à moins d'admettre que celles-ci aient postérieurement modifié la convention intervenue entre elles, on ne peut dire que ce soit cette convention qui l'ait engendrée.

Nous concluons donc au caractère unilatéral de ces contrats qui, comme le mandat, ne donnent naissance au moment de leur formation qu'à une seule obligation, une deuxième pouvant éventuellement en résulter, et nous repoussons, comme l'a fait le Code, cette nouvelle subdivision des contrats en parfaitement et moins parfaitement synallagmatiques. D'ailleurs, le seul fait que notre Code a abandonné ici son guide habituel en matière d'obligations, Pothier, prouve bien que ses rédacteurs ont compris les inconvénients que présentait cette nouvelle subdivision des contrats, n'ayant aucun intérêt pratique et ne pouvant qu'amener une fâcheuse confusion dans les esprits (2). Elle seule, en

(1) Cass., 23 avril 1877, S. 78-1-399.

(2) Laurent, *op. citat.*, XV, n° 435, p. 492 ; Baudry-Lacantinerie et Barde, *op. citat.*, I, n° 11, p. 9.

effet, peut expliquer l'erreur dans laquelle est tombé Toullier qui, dans son commentaire, refuse de voir des exemples de contrats unilatéraux dans notre droit (1). Après avoir posé comme règle la division des contrats en synallagmatiques parfaits et synallagmatiques imparfaits, il fait entrer dans cette seconde classe des contrats comme le prêt que les auteurs, jusqu'ici, avaient été unanimes à considérer comme le type du contrat unilatéral, parce que, dit-il, le prêteur a contracté, lui aussi, une obligation, « celle de ne pas reprendre la chose avant le terme convenu. » A ce compte, on ne voit pas où l'on devra s'arrêter, et l'on comprend fort bien que Toullier ait pu conclure à la bilatéralité de tous les contrats. Pourtant, sa conclusion lui paraît bizarre et il cherche à l'expliquer en disant « que cette théorie des contrats synallagmatiques ou unilatéraux est une théorie imparfaite qui pourrait égarer (2). » Nous croyons plutôt que ce qui l'a égaré, c'est la subdivision, empruntée à Pothier, des contrats en parfaitement et moins parfaitement synallagmatiques, aussi l'écarterons-nous désormais et ne nous occuperons-nous plus que des contrats parfaitement synallagmatiques, ou, plus simplement et pour parler le langage du Code, des contrats synallagmatiques que nous opposerons aux contrats unilatéraux.

En parlant des contrats synallagmatiques impar-

(1) Toullier, *Droit civil français*, t. VI, ch. I, § 19, p. 18.
(2) Toullier, *loc. citat.*, p. 19.

faits, nous avons laissé de côté, à dessein, le prêt, le dépôt et le gage, car ces trois contrats appartiennent à une catégorie particulière. En droit romain, ils faisaient partie de la grande classe des contrats réels, c'est-à-dire des contrats se formant par la tradition de la chose qui en est l'objet. Le consentement des parties, sauf de rares exceptions, ne suffisait pas, à Rome, pour engendrer des obligations : il fallait quelque chose de plus. Une convention qui ne revêtait pas l'une des formes, minutieusement réglées à l'avance par la loi, ne constituait qu'un *pactum nudum* dénué de toute sanction juridique. Une de ces formes consistait justement dans la tradition de la « res », objet du contrat. Notre très ancien droit connut aussi les contrats réels, au sens romain du mot, mais on peut dire qu'ils ont cessé d'exister chez nous à partir du XIVe siècle, époque où triompha définitivement le principe : que le consentement suffit pour engendrer une obligation. Ce grand principe passa, avons-nous vu, dans notre Code civil, et, pourtant, lorsqu'il s'agit du prêt, du dépôt ou du gage, la loi dit que ces contrats sont formés par la livraison de la chose. Mais il ne faut pas s'y tromper : la tradition, de nos jours, n'est plus exigée dans ces contrats que parce qu'elle y est nécessaire : elle ne constitue plus dans notre droit comme à Rome, une véritable formalité (1). L'obligation de

(1) Guillouard, *Traité du prêt*, n° 8, p. 8 ; Troplong, *Droit civil expliqué*, XIV, n° 6, p. 6 ; Aubry et Rau, *op. citat.*, IV, § 340, note 6.

restituer la chose que contractent l'emprunteur, le dépositaire et le créancier gagiste ne saurait naître tant qu'ils n'ont pas reçu cette chose : mais à côté du prêt, du dépôt et du gage, qui exigent, pour être valablement formés, en outre du consentement des parties, la livraison de la chose qui en est l'objet, les promesses de prêt, de dépôt et de gage sont obligatoires dans notre droit par le seul effet de l'accord des volontés (1). C'est justement ce qui a conduit certains auteurs à soutenir que les contrats qui nous occupent sont à la fois consensuels et synallagmatiques (2). Puisque, disent-ils, tout le monde est d'accord pour reconnaître que, en vertu du principe de la liberté des conventions, les promesses de prêt, de dépôt et de gage sont sanctionnés par la loi, pourquoi distinguer la promesse du contrat lui-même? Pourquoi ne pas faire ici ce que le Code a fait en matière de vente? Et c'est ainsi qu'en ne distinguant pas la promesse du contrat lui-même, ces auteurs en arrivent à considérer nos contrats comme synallagmatiques et consensuels. Toutefois, il

(1) Pont. *Traité de droit civil*, VIII, nos 12 et 392 ; Guillouard, *op. citat.*, n° 8, du *Dépôt*, n° 11, du *Nantissement*, n° 20 ; Troplong, *op. citat.*, XXI, nos 6 et 7, XXIV, n° 6, XXIX, nos 15 et suiv. ; Pothier, *Traité du prêt*, n° 6 ; Huc, *op. citat.*, XII, n° 34.

V. aussi : Colmar, 8 mai 1845, S. 47-2-217. — Certains tribunaux, commettant une erreur élémentaire, ont parfois assimilé la promesse de nantissement au nantissement lui-même, la tradition, d'après eux, n'étant requise qu'à l'égard des tiers. (V. Besançon, 16 octobre 1892, DP. 94-2-57 ; Besançon, 18 décembre 1895, DP. 96-2-219.)

(2) Vigié, *op. citat.*, III, nos 1015, 1050 et 1200 ; Toullier, *op. citat.*, VI, ch. I, § 19, p. 18.

faut, pour cela, modifier un peu la définition du contrat synallagmatique et dire tout simplement que c'est un contrat qui engendre une double obligation, en supprimant dans la définition habituellement admise la simultanéité et la réciprocité dans la naissance des deux obligations ; car, de nos contrats, même ainsi transformés, les deux obligations ne peuvent naître que successivement, puisque toutes les deux doivent avoir le même objet Est-il possible, sous l'empire du Code civil, d'admettre une pareille opinion? Malgré toute l'autorité qui s'attache aux noms des éminents auteurs qui l'ont soutenue et la soutiennent encore, nous ne le croyons pas. Nous trouvons, en effet, dans les articles 1875, 1892, 1915 et 2071 du Code civil, des définitions formelles des divers contrats qui nous occupent : or, partout il est dit que ce sont des contrats par lesquels ou le créancier « livre », ou le débiteur « reçoit » une chose. Ce sont donc des contrats se formant par la tradition de la chose qui en fait l'objet. En admettant que ce ne soient pas des contrats réels, au sens romain du mot, puisque dans notre droit il n'y a plus que des contrats consensuels, tout au moins est-on forcé de les définir « des contrats consensuels, parfaits par la tradition de la chose. » Mais alors, si, quoique formé par le simple accord des volontés, le contrat, pour être parfait, a besoin de la livraison de la chose, on ne peut plus le considérer comme synallagmatique, une des deux obligations, engendrées par le consentement des parties, étant précisément exécutée par la tradition de la chose qui parfait le contrat.

Ne vaut-il pas mieux alors, conformément à la tradition, considérer nos trois contrats comme n'engendrant au moment de leur formation qu'une seule obligation à la charge de l'emprunteur, du dépositaire et du créancier gagiste, pouvant éventuellement en engendrer une autre, au cours de leur existence, à la charge du prêteur, du déposant et du débiteur; en un mot, ne vaut-il pas mieux les traiter comme le mandat, c'est-à-dire comme de véritables contrats unilatéraux? C'est notre opinion. Ce n'est pas à dire pourtant que, en théorie, l'opinion adverse ne puisse facilement se justifier. On eût compris, même, que le législateur l'eût consacrée; pourquoi, en effet, reconnaître aux contrats dont il s'agit, un caratère de réalité? Cette particularité complique inutilement le système de la loi. Le Code fédéral suisse des obligations a évité l'écueil. Après avoir, comme le nôtre, posé dans son article premier le principe que le consentement suffit pour engendrer des obligations, il a fait des contrats de prêt et de dépôt des contrats purement consensuels (1).

(1) Art. 321 : « Le prêt à usage ou commodat est un contrat par lequel le prêteur s'oblige à livrer une chose à l'emprunteur pour s'en servir gratuitement, à charge par l'emprunteur de la lui rendre. » Art. 329 : « Le prêt de consommation est un contrat par lequel le prêteur s'oblige à transférer à l'emprunteur la propriété d'une somme d'argent ou d'autres choses fongibles, à charge par ce dernier de lui en rendre autant de même espèce et qualité. » Art. 475 : « Le dépôt

En disant plus haut que, aux contrats synallagmatiques, on doit opposer les contrats unilatéraux, y compris les contrats de mandat, de dépôt, etc....., nous avions en vue les contrats unilatéraux tels qu'ils se présentent en général, et, tels que les définit l'article 1105 du Code civil, c'est-à-dire des contrats n'engendrant qu'une seule obligation au profit de l'une des parties et à la charge de l'autre. Mais, en vertu du principe de la liberté des conventions consacré par l'article 1104 C. civ., rien n'empêche les parties de transformer de pareils contrats en contrats synallagmatiques (1), tout en leur conservant leur caractère

est un contrat par lequel le dépositaire s'oblige envers le déposant à recevoir une chose mobilière que celui-ci lui confie et à la garder en lieu sûr... »

(1) A l'inverse, certaines conventions synallagmatiques peuvent devenir unilatérales. Il en est ainsi tout au moins pour la promesse de vente qui vaut vente, d'après l'art. 1587 du Code civil, lorsqu'il y a consentement réciproque des deux parties sur la chose et sur le prix. Mais si la promesse, faite par une personne à une autre de lui vendre sa chose, n'est pas immédiatement acceptée, quelle est la nature exacte d'une pareille convention ? D'après certains auteurs (Duranton, *Traité de Droit civil,* XVI, n° 53 ; Larombière, *op. citat.* I, article 1138, n° 13; Huc, *op. citat.*, X, n° 27) il y a là une véritable convention synallagmatique dont une obligation, celle du futur acheteur, est subordonnée à une condition potestative. Or, comme le fait très justement observer Colmet de Santerre (*Traité de Droit civil,* V, *op. citat.*, n° 94 bis IV), le Code, dans son article 1174, déclare nulle l'obligation contractée sous une condition potestative de la part de celui qui s'oblige. L'obligation du futur acheteur est donc nulle, mais celle du futur vendeur n'en subsiste pas moins et alors notre convention n'engendrant qu'une seule obligation est une convention unilatérale. Par conséquent, lorsque, plus tard, l'acheteur se décidera à accepter, c'est à ce moment seulement que la vente se

propre (1). Il suffira pour cela, d'après l'expression même de la Cour de cassation, « qu'elles contractent chacune une obligation principale qui ne se rattachant par aucun lien nécessaire à la nature du contrat, soit l'œuvre tout à fait discrétionnaire de leur volonté (2). » Une pareille convention, n'ayant rien de contraire à l'ordre public ou aux bonnes mœurs, fera la loi des parties et devra, comme telle, être respectée par le juge. Néanmoins certaines difficultés surgissent lorsqu'il s'agit, soit de la donation « *sub modo* », soit du mandat ou du dépôt salariés.

On s'est demandé tout d'abord si la donation « *sub modo* », autrement dit la donation avec charges, constituait un véritable contrat synallagmatique. Pour résoudre la question il faut, croyons-nous, rechercher l'intention des parties qui ressortira moins des termes

formera et que la propriété sera transférée, et non pas rétroactivement au jour de la promesse de vente, comme le voudraient les partisans de l'opinion adverse. — En ce sens, voy. Troplong, *op. citat.*, I, n° 119 ; Laurent, *op. citat.*, XXIV, n° 15 ; Aubry et Rau, *op. citat.*, IV § 349, p. 333 ; Paris, 26 août 1847, S. 48-2-161 ; Cass. 9 août 1848. S. 48-1-615 ; Cass. 25 juillet 1849, S. 50-1-520 ; Cass. 14 mars 1860, S. 60-1-740 ; Cass. 20 janvier 1862, S. 62-1-705 ; Caen, 9 mars 1866, S., 66-2-276 ; Cass. 5 février 1873, S. 73--178 ; Cass. 26 mars 1884, S. 86-1-341 ; Cass. 10 mai 1886, S. 87-1-83 ; Nancy, 2 mars 1889, D. P., 90-2-127, Cass. 22 janvier 1896, *Gaz. Pal.* 14 mars 1896 ; Trib. Boulogne-sur-Mer, 15 avril 1897. S. 98-2-20.

(1) Demolombe, *op. citat.*, I, n° 23 ; Laurent, *op. citat.*, XV, n° 453 ; Baudry-Lacantinerie et Baude, *op. citat.*, I, n° 12.

(2) Il n'en serait pas ainsi, si par exemple un mandant s'engageait à rembourser au mandataire les dépenses faites pour l'exécution du contrat. Voy. Req. 23 avril 1877, S. 78-1-399.

employés dans l'acte,que des clauses qui y auront été insérées (1).

Il peut se faire tout d'abord que le donateur, bien qu'employant le mot « charge », n'ait vu dans le fait imposé au donataire qu'une véritable condition protestative, ce que les auteurs appellent un « modus mixtus ». En pareil cas, pas de difficultés : lorsqu'une pareille intention des parties ressortira des clauses mêmes de l'acte, lorsque, par exemple, la charge ne sera pas appréciable en argent, nous serons en présence d'une donation conditionnelle ordinaire à laquelle nous appliquerons les règles édictées par le Code dans les articles 931 et suivants (2). En sens inverse, si les charges imposées au donataire ont une valeur équivalente à celle de l'objet donné, ce sera un véritable contrat à titre onéreux que les parties ont eu l'intention de faire (3). Nous ne lui appliquerons donc aucune des règles de la donation, mais, en revanche, après en

(1) C'est un principe constant en jurisprudence que le caractère d'un acte dépend plutôt de la nature des stipulations qu'il contient que de la qualification employée par les parties. V. : Cass., 20 mars 1839, S. 39-1-346 ; Cass., 9 juillet 1839, S. 39-1-686 ; Cass., 23 mai 1853, S. 53-1-537 ; Cass., 5 et 6 mars 1855, S. 55-1-299 et 379; Cass., 21 mars 1855, S. 55-1-271 ; Cass., 9 juillet 1861, S. 61-1-788 ; Cass., 20 août 1867, S. 67-1-407 ; Cass., 18 janvier 1871, S. 71-1-84 ; Cass., 23 août 1871, S. 71-1-107.

(2) Aubry et Rau, *op. citat.*, VII, § 701, p. 377, note 8.

(3) Planiol, *Revue critique*, 1892, p. 518 ; Baudry-Lacantinerie et Colin, *Donations*, I, n° 1136; Toulouse, 15 février 1838, *Gaz. Pal.*, 39-1-440 ; Bordeaux, 10 avril 1843, S. 43-2-481 ; Pau, 4 juin 1873, S. 73-2-140; Cass., 21 décembre 1887, S. 88-1-412 ; Cass., 19 juillet 1894, S. 94-1-439.

avoir déterminé la nature, nous devrons lui appliquer toutes celles du contrat à titre onéreux.

C'est ainsi que la jurisprudence, dans une de ces hypothèses, a refusé d'admettre l'action résolutoire d'un prétendu donateur (qu'il exerçait sous le nom d'action en révocation) contre les tiers détenteurs de l'immeuble donné, parce qu'il n'avait pas fait transcrire son privilège de vendeur (1). Donc pour déterminer la nature d'un pareil contrat on devra tenir compte moins des termes ou de la forme de l'acte que de l'intention des parties. On ne devrait pas hésiter à traiter comme un véritable contrat à titre onéreux une soi-disant donation où les charges équivaudraient à l'objet donné, alors même que l'acte la constatant aurait été rédigé par un notaire dans la forme habituelle des donations (2).

Mais s'il n'y a aucune difficulté, comme nous venons de le voir, à déterminer la nature exacte de ces deux premières espèces de pseudo-donations *sub modo*, il n'en est pas de même lorsqu'il s'agit de la véritable. Constitue-t-elle un contrat synallagmatique? Aujourd'hui la jurisprudence et la doctrine sont à peu près unanimes pour l'affirmer (3). En effet, une pareille

(1) Cass., 21 décembre 1887, précité.

(2) Douai, 2 février 1850, S. 51-2-182.

(3) Demolombe, *op. citat.*, I, n° 235, Aubry et Rau, *op. citat.*, IV, p. 285; Laurent, *op. citat.*, XV, n° 433; Baudry-Lacantinerie et Barde, *op. citat.*, I, n° 12, Pau, 2 janvier 1827, S. 29-2-215; Nimes, 11 juillet 1881, S. 82-2-97; Trib. Seine, 25 mars 1885, *Journ. du Notariat*, n° 23.362; Amiens, 18 juillet 1885, Rec. Amiens, 86-12.

donation entre bien dans les termes de la définition que l'article 1102 donne du contrat synallagmatique : elle engendre une obligation réciproque à la charge de chaque partie. Mais, nous objecte-t-on, si c'est une donation, les deux prestations promises ne sont pas d'égale valeur. Qu'importe ! Où a-t-on vu dans la loi que les contrats à titre onéreux soient seuls des contrats synallagmatiques ? Nulle part une pareille règle n'est posée. Rien n'empêche alors les parties de donner à la donation la forme d'un contrat synallagmatique, et c'est justement ce qu'elles font lorsqu'elles en subordonnent la validité à l'exécution d'une charge que promet le donataire et dont la valeur est inférieure à celle de l'objet donné.

Examinons maintenant la question du dépôt et du mandat salariés, et recherchons quelle est la nature exacte de ces contrats.

En droit romain, le dépôt et le mandat étaient essentiellement gratuits : aussitôt qu'un salaire y était stipulé au profit du dépositaire ou du mandataire, le contrat dégénérait en louage de services. La loi 1, § 4, au *Digeste*, livre XVIII, titre I, nous dit : « Mandatum nisi gratuitum nullum est », et Ulpien parlant du dépôt que fait un baigneur de ses vêtements entre les mains du gardien, ajoute : « Si quidem nullam mercedem servandorum vestimentorum accepit, depositi eum teneri, et dolum dumtaxat, præstare debere puto : quod si accepit ex conducto (1). » Donc, en droit romain, la

(1) Loi 1, § 8, *Digeste*, livre XVI, titre III.

question de savoir si le mandat et le dépôt salariés étaient ou non des contrats synallagmatiques, ne pouvait se poser : le louage d'ouvrage étant seul admis en pareilles hypothèses. Les mêmes règles furent adoptées par notre ancien droit. Domat nous dit que la fonction des « procureurs » est gratuite, et que si l'on convenait de quelque salaire « ce serait un espèce de louage, où celui qui agirait pour un autre donnerait pour un prix l'usage de son industrie (1). » S'occupant ensuite du dépôt, il dit qu'il doit être gratuit, « autrement ce serait un louage où le dépositaire louerait son soin (2). » Pufendorf, dans son livre de la *Nature et des Gens*, parlant des contrats de bienfaisance, nous dit qu'à son avis « il faut mettre au premier rang le mandement et commission (3) », et il range ensuite dans la même catégorie, mais seulement au troisième rang, le contrat de dépôt (4). Enfin Pothier, dans son tome VI, considère nos deux contrats comme des contrats de bienfaisance. Pourtant, c'est pour le dépôt seul qu'il admet comme ses prédécesseurs que la stipulation d'un salaire le transforme en louage de service (5). Pour le mandat, il se contente de dire qu'« il se fait ordinairement pour le seul intérêt du mandant (6). » Donc, jusqu'à la veille de la rédaction du Code civil, les prin-

(1) *Lois civiles*, première partie, titre XV, section I, § IX.
(2) *Op. citat.*, première partie, titre VII, section I, § II.
(3) Livre V, chapitre IV, § I.
(4) Livre V, chapitre IV, § VII.
(5) Dépôt, chapitre I, art. II, § III, p. 265.
(6) Mandat, chapitre I, art. I, § III, p. 332.

cipes romains ont été admis dans notre ancien droit; il n'y a donc pas lieu de s'occuper de la nature du dépôt et du mandat salariés, puisque de pareils contrats ne pouvaient exister.

Le Code les admet-il ? Pour le dépôt, l'article 1917 décide que ce contrat est essentiellement gratuit et la jurisprudence admet que la stipulation d'un salaire le fait dégénérer en véritable louage de service (1). Est-ce bien exact? Comme en matière de donation *sub modo* nous croyons qu'une distinction s'impose. Si le dépôt est effectué entre les mains d'une personne faisant métier d'en recevoir, un banquier par exemple, ou si, d'une façon plus générale, le salaire stipulé représente exactement la valeur du service rendu, avec, même, un certain bénéfice pour le dépositaire, en pareil cas, sans nul doute, le soi-disant dépôt salarié n'est autre qu'un louage de service. Mais peut-on en dire autant, lorsque le salaire stipulé représente à peine les frais que sera obligé de faire le dépositaire, sans qu'il puisse y avoir pour lui aucun bénéfice? De même qu'une gratification, allouée après coup par le déposant au dépositaire en guise de remerciements, ne change pas la nature du contrat de dépôt, de même, selon nous, un minime salaire stipulé au moment du contrat ne saurait le transformer en louage de service. C'est d'ailleurs, croyons-nous, à cette dernière hypothèse que se rapporte la disposition de l'ar-

(1) Riom, 30 mai 1881. D. P. 82-2-38.

ticle 1928 Code civil. Cet article décide, en effet, que la responsabilité du dépositaire devra être interprétée plus rigoureusement si un salaire lui a été attribué ; ce qui prouve bien, quoi qu'en dise la jurisprudence, qu'une stipulation quelconque de salaire n'a pas pour effet de faire dégénérer le dépôt en louage de services.

En ce qui concerne le mandat, l'article 1986 Code civil est moins formel ; il se borne à dire « qu'il est gratuit, s'il n'y a convention contraire. » Aussi la jurisprudence (1) et la doctrine (2) sont à peu près unanimes pour admettre qu'une stipulation de salaire ne suffit pas pour transformer le mandat en louage de services.

Donc, à la différence du droit romain et de notre ancien droit, notre droit moderne admet parfaitement le dépôt et le mandat salariés. Quelle est, alors, la nature de pareils contrats? Conservent-ils leur caractère unilatéral ou entrent-ils dans la classe des contrats synallagmatiques (3) ?

Pour le dépôt pas de difficultés : lorsqu'il il est salarié, il entre dans les termes de la définition de l'article 1102 Code civil, il est donc synallagmatique.

(1) Douai, 2 avril 1892, D. P. 92, 2, 51.

(2) Laurent, *op. citat.*, XV, n° 433 ; Baudry-Lacantinerie et Barde, *op. citat.*, I, n° 14, p. 11.

(3) D'après MM. Aubry et Rau (*op. citat.*, IV, p. 286) et M. Demolombe (*op citat.*, I, n° 23) le mandat et le dépôt resteraient unilatéraux quoique salariés, à moins qu'il ne résulte de la convention que les parties ont voulu leur donner le caractère synallagmatique.

Pour le mandat, certains ont essayé de soutenir le contraire. Le mandant,dit-on,ne sera obligé à donner le salaire que tout autant que le mandat sera exécuté : or il peut le révoquer, donc il ne sera obligé que s'il le veut. Mais nous ferons observer qu'en tout cela il n'y a rien d'extraordinaire. Rien n'est plus juste que de décider que le mandant ne sera pas obligé à payer le salaire si le mandataire n'exécute pas son obligation; il y a là simplement une application particulière d'une règle générale qui domine toute la théorie du contrat synallagmatique. Quant au droit de révocation qu'a le mandant, il n'influe en rien sur notre solution : si le mandat est révoqué, aucune obligation ne sera exécutée, mais n'empêche que toutes les deux seront nées au moment de la formation du contrat, et, pour juger de la nature d'un contrat, c'est au moment de l'accord des volontés qu'il faut se placer, comme nous le disions plus haut, nous conclurons donc que le dépôt comme le mandat deviennent de véritables contrats synallagmatiques dès qu'un salaire y est stipulé, peu importe qu'il ne soit pas le juste équivalent du service rendu, nous avons vu, en effet, qu'il n'y avait pas que les contrats à titre onéreux qui puissent être synallagmatiques.

Nous pouvons maintenant définir le contrat synallagmatique et dire que c'est un contrat qui,dès sa formation, engendre deux ou plusieurs obligations réciproques. Au contraire, nous traiterons comme un contrat unilatéral celui qui, au moment de l'échange des consentements, ne donne naissance qu'à une seule obligation, alors même qu'une deuxième puisse éventuellement naître à l'occasion de son exécution.

Cette distinction ne présente pas seulement un intérêt purement théorique. Au point de vue pratique, il est aussi très important de savoir à laquelle de ces deux grandes classes appartient tel ou tel contrat. Deux dispositions importantes du Code civil, les articles 1184 et 1325, caractérisent le contrat synallagmatique et ne sauraient, semble-t-il, s'appliquer au contrat unilatéral.

L'article 1184 C. civ., d'abord, sous-entend une condition résolutoire dans tout contrat synallagmatique pour le cas où l'une des parties n'exécuterait pas son obligation. L'étude de cette disposition fera l'objet d'un paragraphe spécial. Mais, dès à présent, nous devons nous demander si l'article 1184 C. civ. est exclusivement applicable aux contrats synallagmatiques; c'est pour l'affirmative que nous nous prononçons. Cet article visant spécialement ces contrats ne saurait s'appliquer à d'autres. Tous les auteurs, pourtant, ne partagent pas notre opinion, et un parti important de la doctrine soutient que la condition résolutoire tacite doit être sous-entendue dans tous les contrats à titre onéreux (1). Demolombe qui, peut-on dire, s'est fait le champion de cette opinion, raisonne

(1) Duvergier, sur Toullier, III, n° 579, note *b*; Valette, notes sur Proudhon, I, p. 65; Larombière, II (art. 1184, n° 4).

de la façon suivante (1). Dans tout contrat à titre onéreux, on trouve le fondement de la condition résolutoire tacite, aussi bien que dans le contrat synallagmatique. Dans ce dernier, il faut, d'après lui, en rechercher le fondement dans la théorie de la cause ; si la partie qui a exécuté son engagement ne reçoit pas la prestation qui lui avait été promise en échange, son propre engagement est sans cause et le contrat doit être résolu. Or, dit ce savant auteur, n'en est-il pas de même dans tout contrat à titre onéreux ? Continuant son raisonnement, et répondant par avance à l'objection tirée du texte même de l'article 1184, qu'on ne devait pas manquer de lui faire, il ajoute : il ne faut pas s'étonner si les rédacteurs du code n'y parlent que des contrats synallagmatiques. Ils ont, en effet, suivi en cette matière leur guide habituel, Pothier, qui, lui-même, ne parle que de ces contrats (2). Mais il ne faudrait pas en conclure qu'ils ont entendu restreindre l'application de notre disposition aux seuls contrats synallagmatiques, elle doit au contraire s'étendre à tous les contrats à titre onéreux. Cela ne faisait aucun doute dans l'ancien droit, et c'est justement ce qui explique que Pothier n'en ait pas parlé. Sans doute, dans le cas d'un contrat unilatéral à titre onéreux, la partie qui demande la résolution ne sera pas libérée, puisqu'elle n'est pas obligée ; mais elle pourra obtenir la restitution de ce qu'elle a déjà donné,

(1) *Op. citat.*, I, n° 492 et suiv.
(2) *Traité des Obligations*, n°s 636 et 672.

ce qui n'est pas un mince avantage. Enfin, disent les partisans de l'opinion que nous exposons, ce qui prouve bien que notre disposition doit s'appliquer à tout contrat à titre onéreux, c'est que le Code, à la suite de Pothier, l'applique soit aux donations avec charges, soit aux rentes constituées.

Sans insister sur le premier argument tiré du prétendu fondement de l'article 1184 sur un rapport de causalité existant entre les deux obligations nées d'un contrat synallagmatique et sur lequel, d'ailleurs, nous reviendrons plus tard, nous pouvons néanmoins dès maintenant faire observer qu'une pareille opinion n'est guère soutenable (1). En effet, si les deux obligations, issues d'un même contrat synallagmatique, se servaient mutuellement de cause, dans le cas où l'une d'elles ne serait pas exécutée, il y aurait nullité absolue du contrat pour défaut de cause. Comment expliquer alors le choix accordé par l'article 1184 à la partie envers laquelle l'obligation n'a pas été exécutée, entre la résolution du contrat avec dommages-intérêts et l'exécution forcée qui suppose nécessairement que le contrat subsiste? Mais il est une autre raison, tirée du texte même de notre disposition, qui doit nous faire repousser l'opinion de Demolombe. De l'aveu même des partisans de cette opinion, l'article 1184 C. civ. est basé sur l'intention présumée des parties ; il n'est

(1) En ce sens : Laurent, *op. citat.*, XVII, n° 122; Vigié, *op. citat.*, II, n° 1414; Baudry-Lacantinerie et Barde, *op. citat.*, II, n° 903.

donc qu'une interprétation légale de cette volonté. Quel est le rôle du commentateur, lorsqu'il se trouve en présence d'une disposition de ce genre? Loin d'en étendre la portée, il doit, au contraire, la restreindre le plus possible. Nous en concluons donc que les rédacteurs du Code, quoique ayant suivi Pothier, n'ont entendu appliquer notre disposition qu'aux contrats synallagmatiques, les seuls dont ils parlent (1).

Reste enfin le gros argument tiré de la soi-disant application que notre Code fait de la disposition de l'article 1184 aux donations avec charge et aux rentes constituées. Pour les premières, notre réponse sera aisée; du moment que plus haut nous les avons considérées comme de véritables contrats synallagmatiques, il n'y a rien d'étonnant à ce que le Code, dans son article 953, leur fasse l'application de l'une des dispositions qui, avons-nous dit, caractérisent de pareils contrats. Quant aux secondes, nous croyons avec MM. Baudry-Lacantinerie et Barde (2) que l'opinion adverse repose sur une confusion. On nous oppose l'article 1912 C. civ., mais cette disposition n'a pas la portée d'application qu'on lui attribue; elle relève simplement le crédi-rentier de l'obligation qu'il s'était imposée de ne pas réclamer le remboursement, elle établit pour le débi-rentier une déchéance du droit de se prévaloir de cette renonciation. Ce qui

(1) En ce sens V. Baudry-Lacantinerie et Barde, *op. citat.*, II, n° 904.

(2) *Op. citat.*, II, n° 905, p. 91 et suiv.

prouve d'ailleurs fort bien qu'il y a déchéance et non résolution, c'est la comparaison des diverses hypothèses prévues par l'article 1912, soit entre elles, soit avec l'article 1913. L'article 1912, dans toutes celles qu'il prévoit, réserve le même sort au contrat ; or la seconde présente une grande analogie avec celle de l'article 1188, qui édicte une déchéance du terme lorsque le débiteur diminue par son fait les sûretés données à son créancier. M. Pont, lui-même, ne nie pas cette analogie, et pourtant il prétend voir dans l'article 1912 1°, un cas de résolution (1). Il y a d'ailleurs une très grande analogie entre l'hypothèse prévue par l'article 1912 2°, et celle prévue par l'article 1913, or ce dernier édicte sûrement une déchéance (2). M. Huc essaye de le nier en s'appuyant sur ce fait qu'il n'y a pas de terme, mais qu'il nous soit permis de faire observer au savant auteur que la déchéance ne suppose pas forcément un terme (3). Si donc il y a analogie entre l'article 1913 et l'article 1912 2°, il faut admettre qu'en matière de rente constituée c'est une déchéance et non une résolution qu'édicte la loi. Alors nous aurons ainsi réfuté tous les arguments que l'on fait valoir dans l'opinion qui soutient que l'article 1184 doit s'appliquer à tous les contrats à titre onéreux, et l'opinion elle même se trouve par cela même repoussée.

(1) Pont, *Des Petits Contrats*, I, n° 357.

(2) Baudry-Lacantinerie et Barde, *op. citat.*, II, n° 905, p. 92, texte et note 2.

(3) Huc, *op. citat.*, XI, p. 277, *in fine*.

La deuxième disposition qui, avons-nous dit, caractérise le contrat synallagmatique dans notre droit, est l'article 1325 C. civ. La loi, dans cet article, exige que tout acte sous seing privé, qui constate une convention synallagmatique, soit rédigé en autant d'exemplaires qu'il y a de parties ayant un intérêt distinct et que chaque exemplaire contienne la mention de cette multiple rédaction.

D'où nous vient cette règle? C'est en vain que l'on chercherait quelque chose de semblable, soit dans le droit romain, soit dans notre très ancien droit français.

L'origine de notre règle est récente, puisqu'elle fut proposée pour la première fois en 1680 (1). Nous devons, d'ailleurs, nous empresser d'ajouter que l'arrêt qui intervint en cette circonstance, le 3 septembre 1680, rejeta les conclusions tendant à faire déclarer un contrat de bail nul pour défaut de rédaction, en double original de l'acte sous seing privé le constatant. Le premier arrêt qui admit notre règle fut un arrêt du Parlement de Paris du 30 août 1736 (2) qui annula une vente rédigée sous seing privé en deux exemplaires, qui étaient d'ailleurs représentés, parce que ces exemplaires ne portaient pas la mention « fait double » (3).

(1) Brillon, V° Bail n° 16; Toullier, *op. citat.*, VIII, n° 309, p. 454.

(2) *Recueil des arrêts de la quatrième Chambre des enquêtes*, par Grainville, p. 164.

(3) Dans le même sens v. : Arrêt du 6 août 1740, nouveau Denisart. V° écrit double, n° 4; arrêt du 23 janvier 1767 et du 29 décembre 1781. Merlin, *Rép. de jurisp.* V° double écrit, n° 1.

M. Grainville, qui nous rapporte cet arrêt, le fonde sur des considérations absolument fausses. Après avoir dit qu'un contrat synallagmatique doit procurer une action à chaque partie, ce qui est parfaitement exact, il ajoute « qu'un acte est absolument nécessaire pour établir qu'il y a eu convention », et c'est justement là ce qui constitue son erreur Partant d'une prémisse inexacte, son raisonnement ne pouvait qu'être inexact: un acte, dit-il, qui contient un engagement synallagmatique doit engendrer deux obligations; il doit donc être rédigé en double exemplaire et chaque exemplaire doit porter la mention « fait double » pour éviter qu'une partie de mauvaise foi, en détruisant le sien, n'empêche celui de l'autre d'être valable (1). Cet auteur en arrive donc à confondre deux choses, pourtant fort distinctes : les conditions de validité de la convention et celles de sa preuve. La règle ainsi posée était donc fausse, puisque le principe qui, depuis longtemps déjà, dominait la théorie des contrats, était que le consentement des parties suffit pour engendrer des obligations. Néanmoins, malgré la résistance de certains Parlements (2) et les critiques à peu près unanimes de la doctrine, cette règle se maintint jusqu'à la veille de la rédaction de notre Code civil. Les rédacteurs de ce dernier hésitèrent à la supprimer

(1) Grainville, *op. citat.*, p. 165 et suiv.

(2) Les Parlements de Grenoble et des Flandres restent fidèles aux vieux principes. (V. en ce sens : Merlin, *Rép. de Jurisp.* V° double écrit, n° 1.)

complètement, aussi se contentèrent-ils de la ramener à ses limites vraies dans notre article 1325. Ils ont fait cesser l'ancienne confusion entre les conditions de validité de la convention et celles de sa preuve : ce qui le prouve, c'est que notre article parle de « l'acte qui contient une convention synallagmatique » et le déclare non valable, s'il n'a pas été rédigé en autant d'exemplaires que de parties ayant un intérêt distinct.

Lorsqu'il s'est agi de discuter l'utilité de cette disposition et d'en déterminer le fondement, les auteurs se sont divisés. Certains (1), comme Toullier, y voient un oubli des rédacteurs du Code qui, étant très pressés, « n'ont pu soumettre à un examen approfondi chaque point de doctrine qui se présentait », mais qui, « guidés par leur excellent esprit et la droiture de leur cœur », rejetèrent ce que la règle des doubles écrits avait de trop odieux (2). D'autres y voient une véritable présomption légale (3). Il est à croire, d'après eux, que les parties, qui ont rédigé par écrit leur convention, ont entendu en soumettre la validité à cette

(1) Toullier, *op. citat.*, VIII, n° 317 ; Troplong, *op. citat.*, I, n° 32 ; Bonnier, *Traité des preuves*, n° 562.

(2) Certains jurisconsultes, allant encore plus loin, soutiennent que l'article 1315 C. civ. repose toujours sur la confusion entre les conditions de validité de la convention et celles de la preuve. En ce sens : Aubry et Rau, *op. citat.*, VII, § 756, note 13 ; Larombière, *op. citat.*, VI, n° 9, p. 37 et suiv.

(3) Mourlon, *Traité de Droit civil*, II, n° 1550 ; Zacharia, *Traité de Droit civil*, § 572, notes 9 et 11 ; Demolombe, *Traité de Droit civil*, XXIX, n° 386. — Contra : *Revue critique de 1876*, Bonnier, article bibliographique sur Demolombe.

condition que l'acte serait bien rédigé; or, lorsque les parties constatent sous-seing privé une convention synallagmatique, l'écrit n'est régulier qu'autant qu'il fonde pour chaque partie son titre: c'est-à-dire qu'il est rédigé en autant d'exemplaires que de parties contractantes. Mais, peut-on objecter à cette opinion, il n'y a pas de présomption légale sans texte, or, en notre matière, la loi ne contient aucune disposition. Enfin, il nous semble qu'une pareille opinion tend à revenir à la règle ancienne, c'est-à-dire à l'ancienne confusion que les rédacteurs du Code avaient si habilement évitée; aussi, croyons-nous devoir la repousser pour nous ranger à celle qui voit, dans l'article 1325 C. civ., l'intention du législateur d'assurer à chaque partie ayant fait un contrat synallagmatique une situation égale (1). Pareille chose n'était possible qu'en obligeant ces parties à rédiger le sous-seing privé, destiné à prouver leur convention en autant d'exemplaires que de contractants, de façon à ce que chacun eut le sien. Sans cela, si l'acte n'était rédigé qu'en un seul original, la partie qui l'aurait en sa possession tiendrait les autres sous sa dépendance, puisque la preuve ne pouvait être administrée que si elle le voulait et quand elle le voudrait. Ce qui prouve que tel a bien été dans l'esprit des rédacteurs du Code, le fondement de la disposition qui nous occupe, c'est que, soit Bigot Préameneu, dans l'*Exposé des mo-*

(1) Duranton, *op. citat.*, XIII, p. 164; Huc, *op. citat.*, VIII, n° 137.

*tifs* (1), soit Joubert, dans son *Rapport au Tribunal* (2), tous ont dit que l'article 1325 devait être rattaché non à l'intention des parties, mais au grand principe qui domine la théorie du contrat synallagmatique: l'égalité de position des parties contractantes.

On a essayé de nier l'utilité de notre disposition, en disant que non seulement il était exorbitant de protéger ainsi des majeurs, mais qu'une pareille règle pourrait donner lieu à des fraudes (3). Il dépendra, a-t-on dit, de celui qui connait la loi de tromper celui qui ne la connaît pas, en s'engageant avec lui par un acte sous seing privé rédigé en un seul original et en objectant postérieurement la nullité de l'acte, s'il le juge convenable: l'ignorant sera, dit-on, à la merci des gens de mauvaise foi. Heureusement, la pratique a prouvé qu'un pareil danger n'était pas à craindre ou, du moins, il ne l'est plus aujourd'hui, car la pratique des doubles est tellement répandue que nul ne l'ignore.

Il peut arriver néanmoins qu'un acte sous-seing privé, constatant une convention synallagmatique, ne soit rédigé qu'en un seul original. Qu'en adviendra-t-il? Le Code répond qu'il n'est pas valable. Mais cette nullité est toute relative et l'article 1325 prévoit lui-même un moyen de la couvrir: c'est l'exécution de la con-

(1) Locré, *Exposé des motifs*, XII, p. 396, n° 193.
(2) Locré, *Rapport au Tribunat*, XII, p. 511, n° 11.
(3) Bonnier, *Traité des preuves*, n° 688.

vention que constate l'acte (1). N'y a-t-il pas d'autres moyens de la couvrir, lorsqu'elle résulte, par exemple, du défaut de mention « fait double ? » Du moment que, d'après nous, une pareille mention est exigée par la loi uniquement dans l'intérêt des parties et pour leur faciliter la preuve de la rédaction multiple, la nullité, en pareil cas, pourrait être couverte, croyons-nous, par la présentation de tous les originaux. Mais en admettant même que la nullité ne puisse pas être couverte, ne pourrait-on soutenir que l'acte irrégulier n'est pas dénué de toute force probante, en un mot ne pourrait-on y voir un commencement de preuve par écrit? Certains arrêts (2) et certains auteurs (3) ont refusé de l'admettre, car d'après eux ce serait aller à l'encontre de la disposition de l'article 1325 Code civil. En effet, disent-ils, si vous admettez que l'acte constatant une convention synallagmatique et dont il n'a été fait qu'un seul original, puisse servir de commencement de preuve par écrit, comme, d'un autre côté, un pareil acte ne saurait renfermer qu'une preuve complète de la convention qu'il avait pour but de constater, vous lui res-

(1) Il en serait ainsi alors même que l'exécution n'aurait été que partielle. En ce sens : Bourges, 21 décembre 1898. S. 99-2-70.

(2) Paris, 27 novembre 1811, S. chr.; Colmar, 6 mars 1813, P. chr.; Ain, 23 novembre 1813, S. chr.; Cass., 8 août 1815, S. chr.; Cass., 22 avril 1818, S. chr.; Colmar, 9 août 1829, Rec. an. Colmar 1829, p. 296; Bourges, 29 mars 1831, S. 32-2-82 ; Bastia, 11 juillet 1838, D. P. 38-2-150 ; Bordeaux, 31 juillet 1839, P. 40-1-35.

(3) Demolombe, *Traité de Droit civil*, XXIX, n° 429 ; Duranton, *op. citat.*, XIII, n° 164 ; Bonnier, *Traité des Preuves*, n° 563.

tituez ainsi toute la force probante qu'il aurait eue, s'il avait été régulièrement fait, et vous supprimez la disposition de l'article 1325 Code civil. Nous repoussons une pareille opinion et nous préférons, avec la majorité de la jurisprudence (1) nous rattacher à l'opinion contraire.

Nier, comme le font nos adversaires, qu'un acte sous-seing privé, constatant une convention synallagmatique et rédigé en un seul original, puisse servir de commencement de preuve par écrit, c'est ne tenir aucun compte de l'article 1347 Code civil. Quelles sont les conditions exigées par cet article pour qu'un acte puisse servir de commencement de preuve par écrit? Qu'il soit signé de la partie à laquelle on l'oppose et qu'il rende vraisemblable le fait allégué. Ces deux conditions ne sont-elles pas remplies par l'acte irrégulier? N'est-il pas signé de la partie à laquelle on l'oppose et ne rend-il pas vraisemblable le fait allégué, c'est-à-dire la convention qu'il était chargé de con-

(1) Caen, 1 mai 1812, S. chr.; Rennes, 18 février 1813, P. chr.; Cass., 2 juin 1823, S. chr.; Caen, 8 avril 1825, P. 27-1-533; Bordeaux, 3 mars 1826, P. chr.; Besançon, 12 juin 1828, S. chr.; Cass. 1 juillet 1828, S. chr.; Cass., 4 février 1829, D. P. 29-1-136; Cass., 21 mars 1832, S. 33-1-251; Lyon, 18 novembre 1834, S. 35-1-393; Lyon, 6 février 1839, S. 39-1-209; Grenoble, 2 août 1839, S. 40-2-196; Nimes, 18 novembre 1851, S. 52-2-363; Cass., 23 avril 1877, S. 78-1-399; Bordeaux 1 avril 1889, D. P. 90-2-15.

En ce sens V.: Toullier, *op. citat.*, VIII, n° 322; Troplong, *De la vente*, I, n° 35; Aubry et Rau, *op. citat.*, VIII § 576, texte et note 34; Larombière, *op. citat.*, IV (Art. 1325, n° 38); Pont. *Rev. Crit.*, 1864, XXV, p. 181.

stater? Que l'on ne vienne pas nous objecter l'article 1325 Code civil, car il ne saurait y faire obstacle : il déclare, en effet, notre acte irrégulier entaché de nullité quant à la forme, mais cette nullité ne l'atteint pas dans son existence matérielle; il subsiste comme écrit et la loi n'en demande pas davantage pour autoriser la preuve testimoniale.

Puisque la formalité des doubles n'est exigée que pour faciliter à chaque partie la preuve de la convention pour les placer toutes dans une position égale, nous croyons, avec la jurisprudence (1), que cette formalité pourrait être suppléée par le dépôt de l'acte unique entre les mains d'un notaire chargé de le placer au rang de ses minutes. Celui-ci, pouvant en délivrer une expédition à toute partie qui en aurait besoin, le but poursuivi par la loi se trouvera ainsi réalisé On ne pourrait en dire autant du dépôt effectué, même d'un commun accord, entre les mains d'un tiers quelconque, car ce tiers n'ayant aucun pouvoir pour en délivrer des copies ne saurait que remettre le titre à l'une des

(1) Paris 27 janvier 1806, S. chr.; Cass. 20 décembre 1830, S. 31-1-38; Cass., 25 février 1835, S. 35-1-225; Grenoble, 2 août 1839, S. 40-2-196 ; Bordeaux, 23 décembre 1843, S. 44-2-299 ; Cass. 29 mars 1852, S, 52-1-385 ; Cass. 11-12 décembre 1871, S. 71-1-191 ; Amiens, 23 juillet 1874, S. 75-2-333 ; Paris, 4 janvier 1877, S. 77-2-134 ; Trib. Bourges, 2 février 1883, *Gaz. Pal.* 83-2-115 ; Cass., 10 décembre 1884 ; S 85-1-166 ; Pau, 1er décembre 1886, D. P. 87-2-120.

En ce sens : V. : Toullier, *Op. Citat.* VIII, n° 325; Larombière, *Op. Citat.* IV, (art. 1325, n° 42); Demolombe, *Contrats* VI, n° 441 ; Aubry et Rau, *Op. Citat.* VIII, § 756, p. 234 ; Laurent, *Op. Citat.* XIX, n° 237 ; Bonnier, *Op. Citat.* n° 687.

parties et alors l'inégalité de situation ne serait pas évitée (1).

Après avoir ainsi défini le contrat synallagmatique et l'avoir soigneusement distingué du contrat unilatéral, nous allons maintenant en entreprendre l'étude. Nous rechercherons quel est le rapport qui existe entre les diverses obligations qu'il engendre. Pour cela, nous devrons nous placer à deux moments différents de son existence, car la solution de notre question varie suivant que l'on envisage le contrat synallagmatique à l'instant même de sa formation ou après sa formation. Nous verrons, en effet, que l'état absolu de dépendance, qui existe entre nos diverses obligations au moment où prend naissance le contrat qui les engendre, s'affaiblit de suite après, et que, à partir ce moment, il n'existe plus entre elles qu'un simple rapport d'équivalence.

(1) En ce sens V.: Paris, 20 janvier 1806, J. N. art. 3477 ; Caen, 24 avril 1822, J. N. art. 8559 ; Delvincourt, *Traité de Droit Civil*, II, p. 615, note 2 ; Massé, *Droit Commercial*, IV, n° 2419. — Contra : Aix, 6 mars 1829, S. 29-2-303 ; Grenoble, 2 août 1839, S. 40-2-196 ; Req. req. 29 mars 1252, S. 52-1-385 ; Civ. rej. 12 décembre 1871, S. 72-1-191 ; Larombière, *op. citat.*, IV (art. 1325, n° 42) ; Aubry et Rau, *op. citat.*, VIII, § 576, p. 234, note 43 ; Demolombe, *op. citat.*, VI, n° 442 ; Laurent, *op. citat.*, XIX, n° 237.

# PREMIÈRE PARTIE

---

### Du contrat synallagmatique au moment de sa formation.

Au moment où l'accord des volontés intervient, pour donner naissance à un contrat synallagmatique, dans quel rapport se trouvent les obligations qu'engendre un pareil contrat ?

Deux solutions diamétralement opposées sont possibles : ou bien les deux obligations ont une existence absolument indépendante l'une de l'autre, ou bien elles sont si intimement liées que l'une ne peut naître sans l'autre. Prenons un exemple, la vente, le contrat synallagmatique le plus usuel, et voyons ce qui va se passer si l'une des obligations, celle du vendeur, par exemple, ne peut naître pour une cause quelconque ? Que va-t-il advenir de l'obligation de l'acheteur ? Ce dernier sera-t-il obligé de payer le prix bien que ne devant pas recevoir la chose ? Qui serait assez insensé pour soutenir une opinion pareille ? Comment admettre que l'acheteur, qui n'entend s'obliger à payer le prix que pour avoir la chose, soit forcé de payer ce prix alors qu'il ne peut recevoir cette chose ? C'est impossible, et l'on est bien forcé de dire que, conformément à l'intention des parties, du moment que l'obligation du vendeur n'a pu naître, celle de l'acheteur n'existe pas. On arriverait à la même solution en prenant comme exemple n'importe lequel des contrats synallagmatiques, car dans tous l'intention des parties est la même Aussi concluons-nous à la dépendance absolue des obligations qu'ils engendrent au moment de leur formation.

Comment expliquer notre solution ? Pour beaucoup d'auteurs, la réponse à notre question est fort simple. Les obligations naissant d'un contrat synallagmatique dépendent étroitement l'une de l'autre, parce que, disent-ils, elles se servent mutuellement de cause, et alors nous voici plongés dans cette théorie purement métaphysique et si délicate de la cause.

Un contrat synallagmatique, nous dit-on, doit pour exister avoir une cause licite dans chacune de ses obligations. Or, si nous recherchons quelle est la cause de l'obligation du vendeur ou celle de l'obligation de l'acheteur, malgré quelques divergences, la majorité des auteurs, peut-on dire, s'accorde à reconnaître que chacune de ces obligations sert de cause à l'autre (1). Donc, conclut-on, si l'une des deux obliga-

(1) Demolombe, *op. citat.*, I, n[os] 347-348 ; Colmet de Santerre, *op. citat.*, V, n° 46 bis II; Aubry et Rau, *op. citat.*, IV, § 341, n° 2. — Certains auteurs font une objection grave à ce système. La cause, disent-ils, devant forcément précéder l'obligation, ne saurait être l'autre obligation dont la naissance est simultanée. D'après eux, la formule donnée dans l'opinion ci-dessus exposée doit être ainsi modi-

tions ne peut naître, l'autre manque de cause, le contrat synallagmatique ne peut se former et l'autre obligation ne naît pas.

Mais, bien qu'un pareil raisonnement nous paraisse parfaitement logique, il est permis de se demander si on n'aurait pu expliquer notre résultat sans faire appel à la théorie de la cause, autrement dit, si notre résultat eût été inexplicable en supposant que le Code n'eût exigé dans son article 1108, pour la validité des conventions, que deux éléments : le consentement et l'objet? Nous croyons, avec M. Timbal (1), que l'explication cherchée eût tout aussi bien pu être trouvée en faisant appel, soit à la théorie du consentement, soit à celle de l'objet. On eût ainsi laissé de côté la théorie de la cause que certains auteurs, même, ne reconnaissent pas comme juridique (2), et on eût évité à la jurisprudence pas mal d'erreurs, lorsqu'il s'agit, pour fonder un arrêt, de faire la distinction toujours si délicate de la cause et des motifs (3).

fiée : dans un contrat synallagmatique chaque obligation a pour cause la « conception de l'obligation que contracte l'autre partie ». Voy. : Collin, *Théorie de la cause dans les obligations conventionnelles*, p. 70 ; Huc, *op. citat.*, VII, n° 77.

(1) *De la cause dans les contrats et les obligations*, p. 194 et suivantes.

(2) Laurent, *op. citat.*, XVI, n° 111. — Certains Codes étrangers postérieurs au nôtre ont repoussé la théorie de la cause. — Voy. C. civ. de Serbie (1844), celui d'Autriche (1852), celui du Portugal (1867), celui du Mexique (1871), Code fédéral des obligations (1881), Code général des Biens pour la principauté de Monténegro (1888), Code civil allemand (1896).

(3) Un assez grand nombre d'arrêts portent les traces de la confu-

Essayons donc de justifier notre assertion avec la théorie de l'objet d'abord, avec celle du consentement ensuite.

L'élément, essentiel à l'existence d'un contrat, qu'on nomme « objet », est un élément complexe, lorsqu'il s'agit d'un contrat synallagmatique : il comprend, en effet, les diverses obligations qu'un pareil contrat engendre. Donc, pour qu'un contrat synallagmatique puisse exister, d'après l'article 1108 du Code civil, il faut que les diverses obligations qu'il doit engendrer puissent prendre naissance. Si, comme nous le supposons, l'une d'elles ne naît pas, le contrat ne saurait exister, car il manque de l'un de ses objets, et l'autre obligation ne verra pas le jour. On peut donc, en appliquant la théorie de l'objet, arriver à notre résultat et dire : si dans un contrat synallagmatique une des deux obligations pour une cause quelconque ne peut se former, l'autre ne se formera pas non plus.

On arriverait d'ailleurs à la même conclusion en faisant appel à la théorie du consentement, autre élément essentiel à l'existence de tout contrat. Qu'ont voulu les parties en faisant un contrat synallagmatique ? Elles ont entendu faire un contrat unique, mais dans lequel chacune d'elles serait engagée envers l'autre. Or, dans notre hypothèse, on ne peut pas dire qu'il y ait accord de volonté, puis-

sion entre la cause et les motifs Voy. : Trib. Seine, 1er février 1878, et Cour de Paris, 21 février 1879, D. P. 79, 2, 222 ; Pau, 31 janvier 1889 S. 89-2-52.

que l'une des deux obligations ne pouvant exister, le contrat devient par cela même unilatéral, une seule des parties étant engagée envers l'autre. Le contrat est donc encore nul pour défaut de consentement, nous devons conclure une fois de plus que si l'une des deux obligations ne peut naître, l'autre ne naîtra pas non plus.

Puisque soit par la théorie de l'objet, soit par celle du consentement, nous arrivons à expliquer l'état de dépendance qui existe, au moment de la formation du contrat, entre les diverses obligations qu'il doit engendrer, nous croyons qu'il eût été de beaucoup préférable de laisser de côté la théorie de la cause comme absolument inutile. Le législateur eût pu se contenter d'exiger, comme éléments de validité des conventions, le consentement des parties et un objet moral et licite(1). On eût ainsi évité bien des difficultés, bien des erreurs, et surtout bien des discussions absolument abstraites et arides sans aucun intérêt juridique.

Quoi qu'il en soit, le résultat est toujours le même, on arrive toujours à la même conclusion; dépendance absolu des deux obligations naissant d'un contrat synallagmatique au moment de sa formation. Cette solution nous paraît tellement évidente qu'il nous semble impossible qu'il ait pu jamais en être autrement ; aussi sommes-nous profondément étonné lorsque nous voyons certains auteurs importants, comme Ihering,

(1) Baudry-Lacantinerie et Barde, *op. citat.*, I, n° 321 et suiv.

soutenir qu'en droit romain les obligations naissant d'un contrat synallagmatique sont indépendantes même au moment de la formation du contrat. Ils expliquent une pareille solution par les origines historiques du contrat synallagmatique et de la vente en particulier. D'après eux, avant de devenir un contrat consensuel, telle que nous la connaissons aujourd'hui, la vente se serait formée au moyen d'une double stipulation (1), le contrat le plus employé en droit romain, le « moule à contrats », comme certains l'ont très judicieusement appelé. On comprend, dès lors, facilement que, partant d'un pareil point de départ, ces auteurs concluent à l'indépendance absolue des obligations de vendeur et de l'acheteur. Il est à remarquer, d'ailleurs, que la conclusion serait la même en supposant, comme ils le font, qu'à un certain moment,

(1) On tire argument en faveur de cette opinion soit du double nom donné à la vente romaine, soit de la solution de la question des risques en cas de perte fortuite de l'objet vendu. (Voy. Ihering, *Esprit du Droit romain*, III, p. 232, et IV, p. 143 et 195; Muirhead., *op.citat.*, p. 362 et suiv ; Girard, *Nouvelle Revue historique*, 1883, p. 539). Mais il est facile de réfuter de pareils arguments. D'abord celui tiré du double nom de la vente romaine, en faisant observer que le droit romain en cela est seul dans le vrai, puisque seul il désigne les deux opérations qui composent la vente (vente et achat), alors que les autres droits n'en désignent qu'une. Ainsi chez nous ce contrat s'appelle vente, tandis que les Allemands le nomment : Achat, Verkauft. Quant à la question des risques, nous verrons plus loin, dans notre deuxième partie, que la solution donnée par le droit romain en cas de perte fortuite de l'objet vendu s'explique aussi facilement en donnant à la vente une autre origine. (Chausse, *Nouvelle Revue historique*, 1899, p. 513).

les deux obligations formant la vente eussent été réunies par un lien de condition réciproque : car, en admettant que cette condition puisse lier les deux obligations quant à leur exécution, elle ne saurait avoir aucun effet sur elles au moment de leur formation.

Ihering et les auteurs qui soutiennent son opinion ont cru trouver deux arguments en sa faveur, l'un puisé dans les règles régissant la capacité du mineur, l'autre relatif à l'erreur unilatérale. Nous allons successivement les examiner tous les deux, et nous verrons quelle est la solution que fournit en ces deux matières notre Code civil.

---

## CHAPITRE I

### CAPACITÉ DU MINEUR

D'après Ihering, une première preuve de l'indépendance des obligations naissant de la vente, en droit romain, c'est que, dans le cas où un pupille, sans l' « auctoritas » de son tuteur, a été partie dans un pareil contrat, il devient bien créancier, mais non débiteur. Cela prouve-t-il, comme semble le dire Ihering, que les deux obligations naissant d'une vente (en prenant la vente comme type du contrat synallagmatique), soient absolument indépendantes ? Nous ne le croyons pas. Il y a plutôt là une application du grand principe qui domine la capacité du mineur à Rome et d'après lequel, ce dernier, une fois sorti de l' « infantia », peut bien rendre sa condition meilleure, mais non pire (1).

Tant qu'il ne s'agit que de rapports unilatéraux, l'application d'un pareil principe ne présente aucune difficulté. Le contrat rend-il le pupille créancier ? Il est pleinement valable, rend-il, au contraire, le

(1) Inst. liv. I, tit. XXI principium : « ..... namque placuit meliorem quidem suam conditionem licere eis facere etiam sine tutoris auctoritate, deteriorem vero non aliter quam tutore auctore.. »

pupille débiteur ? il doit être déclaré radicalement nul. Mais lorsqu'on envisage l'hypothèse d'un contrat synallagmatique ou complexe, trois solutions sont possibles.

On peut, ou bien déclarer le contrat nul pour le tout, ou bien le considérer comme valable pour le tout, ou bien, enfin, le décomposant, le valider pour la partie qui fait acquérir un droit de créance au pupille et l'annuler pour la partie qui rend ce dernier débiteur. C'est cette dernière solution qu'adopta l'esprit froidement logique des Romains (1).

Sans doute la première, tout en préservant convenablement les intérêts du pupille, nous eût paru plus équitable : mais l'on doit avouer aussi que le créancier qui, en droit Romain, se voyait privé de l'avantage que devait lui procurer le contrat, tout en restant tenu de son obligation, n'avait pas à se plaindre, car en contractant avec le pupille, sans exiger l'*auctoritas* du tuteur, il avait commis une faute : il savait donc ou du moins devait savoir à quoi il s'exposait. D'ailleurs le droit romain tendit peu à peu vers l'annulation du contrat dans son entier. Antonin le Pieux, consacrant très probablement une jurisprudence antérieure, fit l'application expresse de la règle d'équité, que nul ne doit s'enrichir aux dépens d'autrui (2), au

(1) Inst. liv. I, tit. XXI principium; loi 13, § 29. Dig., liv. XIX, tit. I.
(2) Loi 207, Dig., liv. L, tit. XVII.

pupille, en décidant que dans tous les cas où il aurait traité, « *sine auctoritate tutoris* », il serait tenu jusqu'à concurrence du profit que l'acte lui aurait procuré (1), si bien que, comme le fait observer Accarias, le droit romain dans son dernier état, ne nous donne pas le scandale d'un pupille gardant à la fois et la chose vendue et le prix (2).

Aujourd'hui lorsqu'un mineur fait avec un majeur un contrat synallagmatique, ce dernier, dans son entier, est entaché de nullité. Lorsqu'il aura atteint sa majorité, le mineur aura le choix entre la ratification et l'annulation des contrats qu'il a faits, durant sa minorité, mais quel que soit le parti pour lequel il opte, le contrat sera ou complètement valable ou complètement nul. Il ne pourrait pas, scindant la convention, réclamer l'application des clauses qui lui paraissent favorables et écarter l'application de celles qu'il considère comme désavantageuses (3).

Cela prouve que chez nous, tout au moins, les deux obligations qui naissent d'un même contrat synallagmatique sont absolument dépendantes l'une de l'autre, au moment de la formation du contrat. Le lien qui unit leurs deux existences est tellement étroit même, que si l'une est entachée de nullité par suite de la minorité de l'un des contractants, l'autre sera atteinte pour le même vice.

(1) Loi 5 princ.. Dig., liv. XXVI, titr. VIII ; loi 3 princ. Dig., liv. XIII, tit. VI.

(2) *Précis de droit romain*, I, n° 156.

(3) Grenoble, 25 juillet 1893, D. P. 96-1-580.

## CHAPITRE II

### ERREUR UNILATÉRALE

Toujours à l'appui de sa théorie, Ihering soutenait qu'en droit romain, si, par suite d'une erreur, l'une des parties ne se trouvait pas engagée, l'autre l'était néanmoins (1). Est-ce bien exact? Il nous est permis d'en douter, surtout après la lecture d'un texte du *Digeste* qui, prévoyant exactement cette espèce, décide le contraire. En effet, dans la loi 11 § I du livre XVIII titre I, il est dit : « Si ego mulierem venderem, tu puerum emere existimasti quia in sexu error est, nulla emptio, nulla venditio est. » Ce texte qui, en cas d'erreur unilatérale chez l'une des parties, déclare la vente inexistante, nous paraît démontrer surabondamment qu'en droit romain, quoi qu'en ait dit Ihering, les deux obligations naissant de la vente étaient dans un lien étroit de dépendance, lors de la formation du contrat.

Pourtant, encore de nos jours, une controverse assez vive s'est élevée sur le point de savoir si, dans l'état de notre législation, l'erreur unilatérale de l'une

(1) Ihering, *Esprit du Droit romain*, IV, p. 196, n° 293.

des parties doit être prise en considération, et amener la nullité du contrat synallagmatique. Tout d'abord, nous devons écarter l'hypothèse où l'autre partie, connaissant l'erreur dans laquelle était tombé son cocontractant, n'a pas tenté de l'éclairer, mais, au contraire, a fait tout son possible pour l'y maintenir. En pareil cas il y a dol de sa part et le contrat doit sûrement être annulé (1).

De même, nous ne ferons pas avec Demolombe la distinction entre le cas où la partie qui erre a fait part de sa fausse croyance à l'autre, et celui où elle n'a rien dit. Dans la première hypothèse, en effet, de deux choses l'une, ou bien la contre-partie était elle-même dans l'erreur et n'a rien pu faire pour dissiper celle de son cocontractant : alors le contrat sera annulable pour cause d'erreur bilatérale, ou bien elle n'était pas elle-même dans l'erreur. Dans ce dernier cas, si elle a essayé de faire entendre raison à son cocontractrant et si celui-ci a voulu néanmoins contracter, il est censé l'avoir fait à ses risques et périls et ne pourra, plus tard, venir réclamer, mais si la partie qui n'était pas dans l'erreur n'a rien fait pour dissiper celle de l'autre, elle a commis un dol et alors le contrat est nul pour cause de dol et non pour cause d'erreur.

Prenons un exemple : Primus passant devant une vitrine y voit exposé un tableau. Il le croit de Rubens

(1) Colmet de Santerre, *op. citat.*, V, n° 16 bis III ; Demolombe, *op. citat.*, I, n° 98.

et entre pour l'acheter. Il fait part de sa croyance au vendeur. Si celui-ci est aussi dans l'erreur, la vente sera annulable pour cause d'erreur bilatérale : pas de difficultés. Si le marchand n'est pas dans l'erreur, ou bien il fera observer à Primus qu'il se trompe, que le tableau n'est pas de Rubens, comme il le croit, et si Primus malgré ces observations achète le tableau, il ne pourra plus tard, invoquant son erreur, demander la nullité de la vente ; ou bien le vendeur ne dit rien, et alors, comme dans notre droit tous les contrats doivent s'exécuter de bonne foi, il commet un véritable dol en gardant le silence, et la vente sera annulable pour cause de dol. Donc, quoi qu'en dise Demolombe, une seule hypothèse d'erreur unilatérale est possible ; celle où celui qui erre ne fait pas part de sa fausse croyance à son cocontractant. En pareil cas devra-t-on prononcer la nullité du contrat pour cause d'erreur ?

Certains auteurs (1), et non des moins importants, soutiennent que, malgré l'erreur unilatérale de l'une des parties, le contrat synallagmatique n'en est pas moins valable. Il ne faut pas, disent-ils, confondre la substance avec les qualités substancielles: ces dernières ne sont prises en considération qu'autant qu'elles ont fait l'objet d'une clause expresse du contrat ; ce qui n'est pas le cas dans notre hypothèse, puisque au contraire nous supposons que Primus n'a pas dit au vendeur qu'il croyait que le tableau était de Rubens.

(1) Duvergier, *Vente*, I, n° 300 ; Troplong, *Traité de la Vente*, I, n° 15 ; Larombière, *op. citat.*, I (art. 1110 n° 3).

On ne peut donc pas dire qu'il ait subordonné la validité du contrat de vente à cette condition que le tableau acheté serait de Rubens. Au contraire, nous dit-on, lorsque les parties ne se sont pas expliquées sur les qualités substancielles, il est à supposer qu'elles ont entendu traiter sur l'objet, tel qu'il se présentait à elles, et on ne saurait admettre la nullité du contrat ainsi intervenu, si, plus tard, une d'elles n'y trouvait pas une qualité qu'elle croyait y avoir reconnue, « in mente retenta », sans en faire part à l'autre.

D'autres, refusant toujours d'admettre la nullité du contrat dans notre hypothèse, prétendent que l'acheteur peut être considéré comme ayant fait un véritable contrat aléatoire. En effet, dit-on, si le tableau affiché sans indication du nom du peintre, et mis en vente pour un prix modique, se trouve être de Rubens comme il le croit, il fait une bonne affaire et le vendeur trompé n'a rien à réclamer. Il est donc équitable si, au contraire, le tableau n'est qu'une vulgaire copie et si l'acheteur est trompé dans ses croyances, qu'il n'ait rien à réclamer aussi au vendeur. Il n'est pas lésé puisqu'il a acquis pour le prix affiché le tableau mis en montre, et d'ailleurs, serait-il lésé, il n'aurait rien à réclamer, car la lésion n'est pas prise en considération par la loi en matière de vente d'objets mobiliers à cause de la trop grande variabilité de leur valeur. Il a cru tromper le vendeur, il s'est trompé lui-même ; à trompeur, trompeur et demi, lui répondrons-nous s'il se plaint.

Malgré les excellentes raisons sur lesquelles s'appuient les opinions que nous venons d'exposer, nous préférons nous ranger à celle de la majorité de la doctrine (1), qui admet parfaitement la nullité du contrat synallagmatique pour cause d'erreur unilatérale de l'une des parties.

Il faut observer, tout d'abord, que notre Code civil prévoit dans un seul et même article, l'article 109, les trois vices du consentement; or nul n'oserait prétendre que le dol ou la violence doivent être communs aux deux parties pour entraîner la nullité du contrat. Pourquoi en serait-il autrement pour l'erreur ? A défaut de disposition expresse, que l'on ne trouve nulle part dans la loi, il est impossible d'exiger qu'elle soit bilatérale pour pouvoir être prise en considération.

La loi nous dit, d'ailleurs, dans ce même article 1109 C. civ., qu'« il n'y a point de consentement valable, s'il n'a été donné que par erreur... » Or, ici, en parlant de consentement, elle a aussi bien en vue celui du créancier que celui du débiteur; donc, il faut décider que si l'une des parties, peu importe laquelle, est dans l'erreur, son consentement n'est pas valable et, par suite, que le contrat est nul.

Enfin, exiger une erreur commune aux deux par-

(1) Colmet de Santerre, *op. citat.*, V, nº 16 *bis*, III; Aubry et Rau, *op. citat.*, IV, § 343 *bis*, p. 298; Demolombe, *op. citat.*, I, nº 101; Laurent, *op. citat.*, XV, nºˢ 502, 504; Vigié, *op. citat.*, II, nº 1106; Baudry-Lacantinerie et Barde, *op. citat.*, I, nº 60. — Agen, 30 avril 1884, DP. 87-1-105.

ties, ce serait rendre inapplicable la partie finale de l'article 1110 C. civ. qui traite de l'erreur sur la personne et décide qu'elle ne doit être prise en considération que dans les contrats faits *intuitu personæ*. Comment, en effet, à moins d'admettre le concours de circonstances absolument extraordinaires et, pourrions-nous dire, vraiment romanesques, comment, disons-nous, prévoir un cas d'erreur sur la personne commune aux deux parties, surtout dans un contrat fait *intuitu personæ ?*

Plutôt donc, que de considérer comme lettre morte tout le second paragraphe de l'article 1110 C. civ. et rendre ainsi les rédacteurs du Code inconséquents avec eux-mêmes, il vaut mieux admettre qu'ils ont entendu que l'erreur unilatérale de l'une des parties devrait être prise en considération pour prononcer la nullité du contrat synallagmatique. Tout, d'ailleurs, dans la loi, ainsi que nous l'avons vu, nous pousse à admettre cette opinion et à rejeter l'opinion adverse, quoiqu'elle soit, nous le reconnaissons, fort séduisante au premier aspect. Elle a du moins, pour elle, l'avantage de paraître plus équitable que la nôtre, car un des plus grands reproches que nous font nos adversaires, est de violer trop manifestement l'équité. Comment, nous dit-on, vous allez faire supporter au vendeur, qui est exempt de toute faute (du moins vous l'avez supposé ainsi), toutes les conséquences d'une négligence de l'acheteur ? Ce n'est vraiment pas équitable. Nous sommes les premiers à le reconnaître et nous aurions très bien compris que le législateur eût expressément supprimé cette cause de nullité des conventions ; malheureusement, il n'a rien dit de semblable ; au contraire, nous l'avons vu, une stricte interprétation de la loi nous a conduit à notre solution, qui, heureusement, en pratique, est beaucoup plus équitable qu'elle ne le paraît en théorie.

Il ne faut pas se dissimuler, en effet, qu'il sera très difficile à la partie, qui prétend avoir été dans l'erreur, de prouver cette erreur, car elle devra prouver une réticence, et la jurisprudence n'admet pas qu'on puisse la présumer; mais, même en admettant qu'elle arrive à faire cette preuve, tout ne sera pas fini pour elle : elle devra, en outre, prouver que c'est en se basant sur cette erreur qu'elle a consenti à contracter (1).

Enfin, en admettant que la nullité du contrat soit prononcée, c'est-à-dire que la double preuve soit faite, rien n'empêche les tribunaux, s'il y a dommage pour l'autre partie, de lui accorder une indemnité (2). Il peut très bien arriver, en effet, que le marchand ait depuis le contrat manqué plusieurs occasions de revendre le tableau même à un meilleur prix, en pareil cas les tribunaux pourront lui accorder, sous forme de dommages-intérêts, le bénéfice qu'il eût ainsi réalisé sans la faute de son acheteur, et alors il sera indemne de tout préjudice.

(1) Amiens, 3 mars 1898, DP. 98-2-294 ; Req., 16 mars 1898, DP. 98-1-301.

(2) Colmet de Santerre, *loc. citat.*; Demolombe, *loc. citat.*

En général, on admet que cette indemnité peut être accordée en vertu de l'article 1382 du Code civil, mais alors on fait intervenir la théorie de la faute délictuelle, c'est-à-dire que l'on force le vendeur à prouver la faute de son acheteur, ce qui, peut-être, ne lui sera pas toujours facile (1). Aussi, croyons-nous, avec MM. Baudry-Lacantinerie et Barde (2), qu'il y a plutôt ici une application de la théorie de Ihering sur la *culpa in contrahendo*. D'après cet auteur, lorsque deux parties entrent en pourparlers en vue de conclure un contrat synallagmatique, chacune s'engage par là même à répondre envers l'autre de la faute qu'elle pourrait commettre dans la formation du contrat, et, par le fait même de la conclusion du contrat, chaque partie accepte tacitement l'engagement de l'autre. Donc, dans notre hypothèse, si, par le fait de l'acheteur, le contrat se trouve résolu, celui-ci devra tenir compte au vendeur de l'équivalent de l'intérêt qu'il aurait eu à ce que le contrat ne fut pas conclu.

Donc, pour conclure, nous dirons qu'au moment de la formation du contrat synallagmatique, les deux obligations qu'il engendre sont dans un lien étroit de dépendance. Si l'une ne peut se former par suite de

(1) D'après Laurent, l'article 1382 n'est relatif qu'aux délits et quasi-délits ; en matière de conventions les parties ne sont tenues que du dol et de la faute légère ; donc l'acheteur ne sera responsable que s'il y a dol et non s'il y a imprudence.

(2) *Op. citat.*, I, nº 60, p. 76.

l'erreur unilatérale de l'une des parties, l'autre ne naîtra pas non plus, car le contrat ne se formera pas. De même si, à cause de la minorité de l'un des contractants, une des deux obligations est entachée de nullité, il en sera de même du contrat tout entier.

---

# DEUXIÈME PARTIE

## Du contrat synallagmatique après sa formation

Tout contrat synallagmatique régulièrement formé a pour effet d'engendrer au moins deux obligations Avant de pénétrer dans l'étude détaillée de la vie et de l'extinction de ces obligations ainsi nées d'un contrat synallagmatique, il est indispensable de nous demander, comme nous l'avons déjà fait au moment de sa formation, dans quel rapport se trouvent entre elles ces diverses obligations ?

Dans un premier système on soutient que les deux obligations engendrées par un contrat synallagmatique sont absolument indépendantes. Une pareille opinion n'a pour elle que l'avantage de faciliter l'explication de la solution donnée par la loi à la question des risques en matière d'obligation de donner. Elle doit être repoussée comme violant ouvertement l'intention probable des parties contractantes, car il est à présumer que chacune d'elles, en s'obligeant, a entendu subordonner dans une certaine mesure l'exécution de son engagement à l'obtention des avantages qu'elle stipulait en retour.

Au contraire, d'après une deuxième opinion, les obligations issues du contrat synallagmatique seraient complètement dépendantes l'une de l'autre. Certains, avec Demolombe (1), expliquent un pareil résultat par un rapport de causalité existant entre les deux obligations. Nous croyons pour notre part et malgré toute l'autorité du savant auteur qui la soutient, cette opinion complètement erronée. Si l'on peut soutenir, en effet, comme nous l'avons fait nous même, que chaque obligation a pour cause, au moment de la formation du contrat, l'obligation adverse, une fois le contrat formé, chaque obligation a sa cause, et par conséquent il est inexact de dire que chacune a pour cause l'exécution de l'autre; cela reviendrait à admettre que toute obligation née d'un contrat synallagmatique a une double cause : la naissance et l'exécution de l'obligation opposée, ce qui serait contraire à tous les principes du droit. D'autres arrivent au même résultat, dépendance absolue des deux obligations après la formation du contrat, en considérant que chaque partie doit ce à quoi elle s'est obligée, moins ce qui lui est dû (2). On objecte avec raison aux partisans de cette seconde opinion que les deux obligations ne sont pas affectées l'une par l'autre au point de vue de leur contenu; elles restent entières au point de vue juridique.

Nous en arrivons alors au troisième et dernier système, le système intermédiaire qu'a si brillam-

(1) Demolombe, *op. citat.*, II, n° 489, p. 469.

(2) Keller, *Jahrb. d. Germ. R.*, IV, 1860, p. 337 et suiv.

ment soutenu M. Saleilles (1), et d'après lequel les deux obligations, nées d'un même contrat synallagmatique, se tiennent en face l'une de l'autre à titre d'équivalent. Dans un pareil contrat donc l'exécution doit avoir lieu trait pour trait, car si une partie poursuit sans exécuter son obligation, elle méconnaît le caractère de celle dont elle réclame l'exécution et elle devra être repoussée. De même les deux obligations se servant mutuellement d'équivalent, dès que l'une disparaît l'autre doit disparaître, car elle ne saurait subsister sans équivalent.

Nous allons étudier en détail les conséquences de cette opinion à laquelle nous nous rangeons, car elle seule nous paraît vraiment conforme à l'intention probable des parties. Nous étudierons successivement les diverses situations qui peuvent se présenter au cours de l'existence d'un contrat synallagmatique, et nous essayerons d'expliquer les solutions données par la loi pour chacune d'elles au moyen de l'opinion que nous avons adoptée sur le rapport existant entre les diverses obligations issues d'un contrat synallagmatique.

Nous laisserons de côté l'hypothèse où les deux obligations sont exécutées complètement et à l'époque fixée par le contrat, car elle ne présente aucun intérêt ; nous insisterons, au contraire, sur deux autres séries

(1) Saleilles, *Essai d'une théorie générale de l'obligation, d'après le Code civil allemand*, n° 168, p. 178.

d'hypothèses qui peuvent se présenter : l'impossibilité et le refus d'exécution. Enfin, dans un dernier chapitre, nous devrons nous occuper de la transmission d'une créance née d'un contrat synallagmatique.

---

# CHAPITRE I

## IMPOSSIBILITÉ D'EXÉCUTION

Par suite d'un cas fortuit ou de force majeure, le débiteur se trouve tout à coup dans l'impossibilité d'exécuter l'obligation qu'il avait contractée. Que va-t-il se passer ? En matière de responsabilité, on applique le principe que nul n'est tenu à fournir des dommages-intérêts que tout autant qu'il a commis une faute : il ne saurait en être ainsi dans notre hypothèse, puisque justement nous supposons que c'est à la suite d'un cas fortuit ou de force majeure, et sans qu'il y ait faute de la part du débiteur, que celui-ci s'est trouvé dans l'impossibilité d'exécuter son obligation. Il ne devra donc rien, et c'est justement ce que décide l'article 1302 du Code civil, qui, prévoyant notre hypothèse, le déclare libéré. En matière de contrat unilatéral, pas de difficultés : si la chose due vient à périr, si le fait promis ne peut plus être accompli par suite d'un cas fortuit ou de force majeure, le débiteur est libéré, l'obligation engendrée par le contrat se trouve éteinte, le créancier n'a plus rien à réclamer. Mais la question se complique et les difficultés surgissent, lorsqu'on se place dans l'hypothèse d'un contrat synallagmatique. Ici, en effet, l'obligation du débiteur n'est plus seule, isolée ; elle a comme équivalent une autre obligation contractée par le créancier. Lorsque, par suite d'un cas fortuit, l'obligation du débiteur ne pourra plus être exécutée, comme en matière de contrat unilatéral et en vertu du grand principe posé par l'article 1302 Code civil, il faudra le déclarer libéré, mais alors nous devrons-nous demander ce que devient l'obligation corrélative du créancier : subsiste-t-elle ou disparaît-elle aussi, à son tour ? La question ainsi posée n'est autre qu'une question de risques : dire, en effet, d'une partie qu'elle supporte les risques, ce n'est pas dire seulement qu'elle doit supporter la perte de l'objet de son obligation survenue par cas fortuit, mais c'est dire encore qu'elle ne doit rien recevoir de ce qui lui était dû. Ainsi donc c'est tout à fait à tort que certains auteurs ont cru trouver dans l'article 1302 la solution de notre question (1); cet article déclare bien le débiteur libéré par la perte fortuite de l'objet dû, mais il ne s'occupe nullement de ce que devient l'obligation corrélative du créancier (2).

Se demander ainsi que nous l'avons fait, si, après la libération du débiteur, l'obligation du créancier disparaît ou subsiste, cela revient à ramener la question des risques à une question de résiliation. Dire,

(1) Demolombe, *op. citat.*, I, n° 421 ; Laurent, *op. citat.*, XVI, n° 206.

(2) En ce sens voy.: Pothier, *Traité de la vente*, n° 308, al. 1 et 2 ; Saleilles, *op. citat.*, n° 181 ; Huc, *op. citat.*, n°s 105-106 ; Baudry-Lacantinerie et Barde, *op. citat.*, I, n° 421.

en effet, que l'obligation du créancier ne survit pas à celle du débiteur, autrement dit que ce dernier supporte les risques, c'est déclarer le contrat résilié. Dire au contraire que l'obligation du créancier subsiste, c'est-à-dire qu'il supporte les risques, c'est déclarer le contrat maintenu. Puisque la question des risques se ramène à une question de résiliation, nous croyons que, pour la résoudre, théoriquement au moins, il faut avant tout tenir compte de l'intention des parties. Quelle était-elle au moment de la conclusion du contrat? Chaque partie ne s'est engagée qu'en vue de l'obligation correspondante qui devait servir d'équivalent à la sienne : si, par suite d'une force majeure, cette obligation ne peut plus être exécutée, l'autre, n'ayant plus d'équivalent, ne saurait subsister. En matière d'obligation de faire notre solution ne saurait offrir aucune difficulté : le débiteur ne pouvant plus exécuter ce à quoi il s'était engagé, l'obligation du créancier doit disparaître. En droit pur, donc, nous croyons qu'il faut déclarer le contrat résilié si, par suite d'un cas fortuit, le débiteur se trouve dans l'impossibilité d'accomplir son obligation. Cette solution rationnelle a-t-elle été admise en législation ?

Tout d'abord, le droit romain s'en est écarté tout au moins en matière de vente et en faveur du vendeur (1).

(1) D'après M. Saleilles, l'exception aurait une portée beaucoup plus grande en droit romain et s'étendrait à tous les contrats « impliquant l'obligation de faire avoir un corps certain. » (*Op. citat.*, n° 183, p. 195.)

Des textes formels du Digeste, du Code et des Institutes décident que, si la chose vendue vient à périr fortuitement après la perfection de la vente, les risques sont pour l'acheteur, alors même qu'il n'aurait pas reçu livraison (1). Cette solution, contraire aux principes rationnels que nous posions ci-dessus, n'est plus contestée aujourd'hui (2). Mais il ne faudrait pas croire que ce fût là une règle générale mettant, dans tous les cas, les risques à la charge du créancier : nous sommes, au contraire, plutôt porté à croire que le droit romain, en règle générale, laissait les risques à la charge du débiteur et qu'il avait été fait exception à cette règle en matière de vente et dans le cas de perte fortuite de la chose vendue. Ce qui nous confirme dans notre opinion, la seule conforme aux vrais principes du droit et de l'équité, en même temps qu'à l'intention probable des parties, c'est que, dans ce même contrat de vente, si l'acheteur, pour une raison quelconque, est dispensé de payer le prix, le vendeur n'est pas obligé de lui livrer la chose. La loi 50 (Dig., liv. XIX, tit. I) dit, en effet: « *Bona fides non patitur, ut, cum emptor alicujus legis beneficio pecuniam rei venditæ debere desisset antequam res ei tradatur, venditor tradere compelletur et re sua careret.* »

(1) Loi 8, Dig., liv. XVIII, tit. VI ; loi 1, Code, liv. IV, tit. XLVIII ; § 3, Instit., liv. III, tit. XXIII.

(2) Dans notre ancien droit, Cujas, s'appuyant sur un texte d'Africain (loi 33, Dig., liv. XIX, tit. II), avait essayé de soutenir l'opinion contraire.

La solution que nous proposons, en matière de risques et en droit romain, est faite pour étonner, car, en général, on admet plutôt la solution contraire, celle qui les met à la charge du créancier: cette erreur provient de ce que l'on n'a pas assez fait attention à ce fait que le droit romain a procédé, en notre matière, par solutions d'espèces. On a généralisé la solution qu'il donne dans l'hypothèse de la perte de l'objet vendu, sans faire attention que cette solution constituait une exception à la règle générale dont notre loi 50 n'est qu'une application(1). Mais, alors, il est permis de se demander pourquoi le droit romain a fait ainsi exception au principe général, qui domine la théorie des risques, pour le cas particulier de la perte de l'objet vendu. Les explications n'ont certes pas manqué.

D'après certains, le seul but de la vente étant, à Rome, de créer des obligations, celles-ci, une fois nées, le but poursuivi par les parties était atteint. Peu importait alors que l'une de ces obligations vînt à disparaître, l'autre n'en subsistait pas moins. Malheureusement, un pareil raisonnement se heurte à une grave objection. Si, vraiment, dit-on à ses partisans, il en est ainsi, pourquoi, l'obligation de l'acheteur venant à disparaître, celle du vendeur ne subsiste-t-elle pas ?

Une deuxième opinion, et, peut-être, la plus ancienne, puisqu'elle remonte au droit romain lui-même, invoque,

(1) Saleilles, *op. citat.*, n° 183, p. 195.

pour justifier notre exception, la compensation des chances : *ubi commodum est, ibi periculum esse debet* (1). Cette opinion n'est guère plus admissible que la première, car elle tend à compenser deux choses qui ne sauraient l'être (2). Lorsque la chose vendue augmente de valeur sans le fait du vendeur et sans augmentation proportionnelle du prix, le vendeur ne perd rien, il y a simplement, pour lui, gain manqué; tandis qu'il y a perte sèche pour l'acheteur s'il est obligé d'en payer le prix, lorsqu'elle a péri sans la faute du vendeur. Comment, d'ailleurs, raisonnablement compenser une simple augmentation de valeur avec une perte totale ?

M. Windscheid (3), et, après lui, M. Saleilles (4), croient trouver l'explication cherchée dans les origines historiques de la vente. Au début, disent-ils, la vente avait lieu, à Rome, sous forme de vente au comptant : il est certain que, à cette époque, au moment où le contrat se concluait, les risques passaient à l'acheteur, et le vendeur était ainsi toujours sûr de toucher son prix. Lorsque, plus tard, on admit la vente à crédit, on la considéra comme devant finalement aboutir au même résultat que la vente primitive, et le

(1) Duranton, *op. citat.*, X, n° 422; Marcadé, *op. citat.*, IV, n° 508; Colmet de Santerre, *op. citat.*, V, n° 58 *bis*, III; Demolombe, *op. citat.*, I, n° 424; Laurent, *op. citat.* XVI, n° 209.

(2) En ce sens v. : Huc, *op. citat.*, VII, n° 107-111.

(3) Pandectes, § 321, note 18, note 19, note 19a, § 382, note 2.

(4) *Op. citat.*, n° 183, pp. 196-197.

vendeur voulut encore être sûr de toucher son prix, quoi qu'il pût arriver : d'où mise des risques à la charge de l'acheteur. C'est là une théorie d'une grande hardiesse, car elle ne tend à rien moins qu'à considérer le contrat de vente comme translatif de propriété en droit romain; aussi lui préférons-nous l'opinion de M. Chausse (1), qui, comme M. Windscheid, explique notre exception par les origines historiques de la vente ; seulement, d'après lui, la vente consensuelle dérive non de la mancipation, mais bien de la vente du droit public. Ce dernier, d'après Mommsen (2), connut la vente consensuelle bien avant le droit privé. A Rome, lorsque le trésor voulait aliéner un bien, le censeur rédigeait un cahier des charges indiquant au public les conditions de la vente, ensuite celle-ci avait lieu aux enchères par le ministère des questeurs. On comprend fort bien que le censeur, dans sa rédaction, devait essayer de sauvegarder le plus possible les intérêts de l'État : c'est ce qui explique que, pour lui assurer définitivement le bénéfice du marché, il mit les risques à la charge de l'acheteur. Plus tard, lorsque le droit privé, sous l'influence des besoins de la pratique, s'appropria (3) ce mode si simple de con-

(1) *Nouvelle Revue historique*, 1899. p. 513 et suiv.

(2) *Zeitschrift der Savigny-stiftung*, 1886, p. 260 et suiv.

(3) Comme le fait très justement observer M. Chausse dans son article de la « Nouvelle Revue Historique » précité, cette introduction de la vente publique en droit privé fut facilitée par l'usage beaucoup plus répandu à Rome qu'aujourd'hui, des ventes aux enchères, entre particuliers. (N. R. H. 1899, p. 513.)

tracier, les praticiens, en rédigeant les premières formules, durent s'appliquer à copier celles de l'État pour être bien sûrs que l'acte, ainsi conclu, aurait une sanction juridique, et, voilà comment s'explique l'introduction dans le droit privé de notre exception à la règle générale des risques pour le cas particulier de la perte fortuite de la chose vendue. Ensuite, la force d'habitude seule explique le maintien de ces règles, qui n'avaient aucun caractère impératif.

Le système romain en matière de risques passa dans notre ancienne jurisprudence où il fut universellement admis. Pourtant la controverse fut vive lorsqu'il s'agit de l'expliquer.

Pothier, dans son traité de la Vente (1), repousse énergiquement une opinion qui refuse d'admettre la théorie romaine, en soutenant que la chose vendue doit périr pour le vendeur, et qui propose d'appliquer en matière de risques la maxime *res perit domino*. Cette maxime fut tirée du droit romain par nos anciens jurisconsultes qui, dans leur lutte contre le droit barbare, aimaient bien d'avoir des textes latins à lui opposer. Le droit Barbare admettait que le dépositaire ou le créancier gagiste devait supporter la perte, survenue par cas fortuit, de la chose déposée ou donnée en gage. Après avoir bien fouillé les textes du Code, nos jurisconsultes finirent par en découvrir un (2) qui

(1) *Traité de la Vente*, n° 308.
(2) Loi 9, Code, liv. IV, tit. XXIV.

précisément disait le contraire, et, ils s'empressèrent d'en tirer la fameuse maxime *res perit domino*, si souvent employée depuis. Mais, comme le fait très judicieusement observer Pothier, cette maxime ne résout pas du tout la question des risques. Elle s'applique lorsqu'on envisage le propriétaire dans ses rapports avec ceux qui ont un droit de gage ou d'usage sur la chose ; en pareil cas, en effet, il est juste de dire que, la chose venant à périr, c'est le propriétaire qui doit supporter les conséquences de cette perte. Mais lorsqu'on oppose le débiteur, propriétaire d'une chose, au créancier qui a un droit sur cette chose et une action pour se la faire livrer, notre maxime reste sans application, car, en pareille hypothèse, si la chose vient à périr, on peut bien déclarer le débiteur libéré, mais cela ne veut pas dire que le créancier le soit à son tour. Pothier conclut donc à l'application de la règle romaine, par ce fait que l'une des obligations venant à périr l'autre n'en subsiste pas moins : il reconnaît, d'ailleurs, que « la matière présente sa difficulté (1). »

Mais tous les auteurs étaient loin de se déclarer satisfaits par les arguments que l'on donnait pour justifier la règle romaine. Certains, comme Pufendorf (2), la déclaraient, tout bonnement, contraire au droit naturel et proposaient de la remplacer par une autre plus juste et plus équitable. D'après ces auteurs, il est

(1) *Traité de la Vente*, n° 307.

(2) *Droit de la nature et des gens* (trad. Barbeyrac), t. II, liv. V, chap. V, § III, p. 66.

nécessaire de faire une distinction. Le créancier devra supporter les risques, s'il a été mis en demeure de retirer sa chose. En pareil cas, le vendeur ne garde la marchandise que par complaisance, pour être agréable à son acheteur : en toute justice, on ne peut lui faire supporter les conséquences d'une perte fortuite, ce serait le punir d'avoir été trop aimable. D'ailleurs, fait observer Pufendorf, le vendeur, dans notre hypothèse, a cessé d'être propriétaire, la propriété ayant été transférée du moment où les marchandises ont été mises à la disposition de l'acheteur. De même, ce dernier aurait encore la charge des risques, si le vendeur avait consenti à garder la marchandise à titre de dépositaire : il y a, ici, une délivrance *brevi manu* qui s'opère : l'acheteur devient propriétaire et les risques sont désormais pour lui. Mais, si le retard est imputable au vendeur, il est juste que celui-ci soit puni de sa faute et, dans ce but, les risques doivent être laissés à sa charge. Comme on le voit, cette théorie nouvelle revient, au fond, à l'application de la maxime : *res perit domino*, que Pothier, avons-nous vu, a si brillamment écartée. Elle suppose, d'ailleurs, des distinctions tellement subtiles qu'elle ne manquerait pas d'entraîner en pratique les plus graves difficultés.

L'art. 1138 de notre Code civil les évite toutes, en posant comme règle générale que « l'obligation de livrer la chose..... la met aux risques du créancier. » Mais la controverse n'a pas cessé pour cela ; les auteurs sont loin de s'entendre sur le fondement qu'il faut donner à la règle ainsi posée.

Certains l'expliquent en disant que, le contrat synallagmatique une fois conclu, les obligations qu'il engendre sont indépendantes, peu importe donc que l'une d'elles, pour une cause quelconque, vienne à disparaître, le contrat n'est pas résilié pour cela et l'autre subsiste (1). Cette opinion prétend s'appuyer sur le droit romain qui, dit-on, admettait le même principe, mais il faudrait commencer par faire la preuve de la véracité de cette dernière affirmation, pour prouver ensuite que le Code civil a entendu adopter les principes romains sur la matière. A l'époque de Pothier, on pouvait encore admettre le principe de l'indépendacce des obligations, quoique cet auteur parle de la pratique courante qui consistait à introduire une condition résolutoire dans tout contrat synallagmatique, subordonnant ainsi l'existence de celui-ci à l'exécution des deux obligations. Mais, aujourd'hui, comment soutenir vraisemblablement une pareille opinion, avec la disposition formelle de notre article 1184 C. civ., qui subordonne l'existence de chaque obligation à celle de l'autre ? On doit donc la repousser, car, loin d'être, comme le disent les auteurs qui la soutiennent, « de toute évidence », elle nous paraît absolument contraire aux principes qui régissent les rapports existant entre les deux obligations nées d'un contrat synallagmatique ; pour nous qui avons conclu à un rapport d'équivalence entre ces obligations, nous ne saurions l'admettre.

(1) Voy. Demolombe, *op. citat*, I, n° 424, p. 411.

Nous repousserons de même l'opinion que soutient M. Huc (1); quoique très ingénieuse, elle ne nous paraît basée sur aucun texte et n'être que l'œuvre de l'imagination fertile de son savant auteur (2). Partant de ce principe qu'il n'est pas juste d'accorder au débiteur la même action contre le créancier dans les deux cas bien différents, où il a exécuté et celui où il n'a pas exécuté, cet auteur soutient que les deux actions ne sont pas de la même nature. Le vendeur, dit-il, après le contrat, n'a plus la faculté de revendre la chose pour échapper aux risques qui peuvent le menacer : il est donc juste que ce soit l'acheteur qui supporte ces risques. Si, d'après les principes abstraits, ce devait être le vendeur qui les subisse, il ne vendrait pas du tout, ou, du moins, il ne vendrait qu'au comptant. Or la vente au comptant présente de graves inconvénients économiques, car, de même qu'il peut arriver qu'un vendeur soit dans l'impossibilité momentanée de livrer la chose à l'instant même de la conclusion du contrat, il arrive, plus souvent encore, que l'acheteur ne soit pas en état de payer le prix au moment dudit contrat. D'ailleurs l'histoire même de la vente prouve que si les besoins peu nombreux des peuples primitifs ont pu se contenter de la vente au comptant, la vente à crédit est bientôt deve-

(1) *Op. citat.*, VII, n° 108 et suivants, p. 160 et suiv.

(2) Cette théorie est en effet empruntée à Ihering (*Œuvres choisies*, I, p. 95 et suiv.) que nous sommes très étonné de ne pas voir citer par M. Huc.

nue indispensable, lorsque les relations commerciales de ces mêmes peuples se sont étendues. Le vendeur donc ne consentira à vendre qu'autant que l'acheteur l'assurera contre les risques que peut courir la chose, en s'en chargeant, et, c'est de toute justice, puisque, à son tour, le vendeur s'interdit la faculté de revendre pour échapper à ces mêmes risques. Donc, conclut M. Huc, si la chose ne périt pas, ce sera le prix que devra l'acheteur, mais si elle vient à périr, ce sera une véritable indemnité d'assurance qu'il devra au vendeur; comme le quantum de cette indemnité est évalué par le contrat lui-même, et égal à la valeur de la chose vendue, on comprend que l'action donnée au vendeur pour l'obtenir puisse se confondre avec celle du contrat.

Cette opinion, comme nous le faisions observer plus haut, est très originale; elle dénote chez son auteur une grande subtilité d'esprit, malheureusement nous ne saurions nous y ranger, car elle manque totalement de base sérieuse. Rien dans les textes du Code ni dans les travaux préparatoires ne peut nous laisser supposer que ses rédacteurs l'aient adopté en rédigeant notre article 1328. Au contraire, s'il faut en croire Bigot-Préameneu et Joubert (1), cet article solidariserait les deux questions, des risques et du transport de propriété, autrement dit, la chose ne

(1) *Exposé des motifs*, n° 33, Locré. VI, p. 153; *Rapport au Tribunal*, n° 31, Locré, VI, p. 194.

périrait pour le créancier que parce qu'il est devenu propriétaire « *res perit domino* ».

Si cette règle devait être rejetée dans notre ancien droit lorsqu'on l'invoquait pour justifier la théorie des risques en matière de vente, il n'en est plus de même aujourd'hui. Les choses ont changé ; la tradition qui, jadis, était nécessaire pour transférer la propriété à l'acheteur, ne l'est plus aujourd'hui. L'article 1138, innovant sur ce point, décide : « L'obligation de livrer la chose est parfaite par le seul consentement des parties contractantes. Elle rend le créancier propriétaire et met la chose à ses risques... » Le créancier étant devenu propriétaire par le seul effet de la convention, doit, comme tel, supporter les risques de la chose vendue. Ce qui prouve bien que telle est la solution donnée par notre droit à la question des risques, en matière d'obligation de donner un corps certain, c'est que l'article 100 du Code de commerce décide que la chose « voyage aux risques de qui elle appartient. » Donc, de nos jours, le créancier supporte les risques parce qu'il est devenu propriétaire (1).

Au point de vue purement théorique, notre opinion

(1) En ce sens, voy. : Larombière, *op. citat.*, I, p. 462 (art. 1138 n° 23) ; Vigié, *op. citat.*, II, n° 1321. — Le nouveau Code civil allemand admet comme le nôtre que le transport des risques est lié au transfert de propriété (art. 323), seulement il en diffère en ce sens qu'il exige la tradition pour que ce transfert soit effectué (art. 929). Le Code fédéral des obligations admet, au contraire, la solution romaine. Le créancier y supporte les risques dès le jour du contrat (art. 204), bien qu'il ne devienne propriétaire que par la tradition (art. 199).

est tout à fait conforme au rapport d'équivalence dont nous avons admis l'existence entre les deux obligations nées d'un même contrat synallagmatique. La convention transférant la propriété, l'obligation du débiteur, qui s'était précisément engagé à effectuer ce transfert, se trouve exécutée au moment même où elle naît. Le créancier, ayant dès lors reçu l'équivalent de sa propre obligation, celle-ci ne saurait disparaître si, plus tard, pour une cause fortuite quelconque, la chose vient à périr.

La seule objection sérieuse, en apparence au moins, que puissent nous faire les partisans de la maxime « res perit creditori » (1) est tirée de la partie finale de notre article 1138. Cet article ajoute, en effet : « à moins que le débiteur ne soit en demeure de livrer, auquel cas la chose reste aux risques de ce dernier. » Or, nous dit-on, la demeure n'a pu empêcher le transfert de propriété d'avoir lieu, cela prouve donc que le transfert de propriété n'a aucune influence sur la question des risques (2). Nous répondrons simplement que la partie finale de notre article prévoit une hypothèse exceptionnelle : le débiteur en demeure est coupable d'une faute, rien d'étonnant à ce que la loi, pour le punir, ait décidé qu'en pareil cas les risques seraient à sa charge.

(1) Colmet de Santerre, *op. citat.*, V, n° 58 bis, IV ; Demolombe, *op. citat.*, I, n° 424 ; Aubry et Rau, *op. citat.*, IV, p. 340 ; Laurent, *op. citat.*, XVI, n° 208 ; Baudry-Lacantinerie et Barde, *op. citat.*, I, n° 424.

(2) Laurent, *loc. citat.*, n° 208, p. 269.

L'importance pratique de cette controverse sur le fondement de la question des risques, en matière d'obligation de donner, apparaît nettement lorsque, dans un contrat ayant pour objet une semblable obligation, le transfert de la propriété est retardé jusqu'à une certaine époque. La partie de l'article 1138 C. civ. qui décide que la propriété est transférée par le seul effet du consentement n'étant pas une disposition d'ordre public, les parties peuvent valablement insérer dans leurs conventions une clause pareille (1). En pratique, on en trouve de fréquents exemples en matière de vente de machines et appareils industriels.

Dans un arrêt du 11 janvier 1887 (2), la Cour de cassation a décidé que le vendeur de machines non payé n'avait aucun droit à exercer contre les créanciers ayant une hypothèque sur l'immeuble où la machine avait été fixée (3). Une pareille solution pouvait

(1) En ce sens voy. : Liège, 3 janvier 1863. Pas. Belge, 64-2-48 ; Cass. Belgique, 26 juillet 1872, Pas. Belge, 72-1-452 ; Gand, 28 juin 1893, D. P. 94-2-477.

(2) S. 87-1-154.

(3) Certaines législations étrangères se sont occupées de la question. L'art. 546 du Code belge permet au vendeur de machines et appareils de conserver son privilège pendant deux ans à compter de la livraison, pourvu que, dans la quinzaine, il ait eu le soin de transcrire au greffe du tribunal de commerce du domicile, ou, à défaut de domicile, de la résidence de son débiteur, l'acte de vente constatant le non-paiement du prix. D'après l'art. 773 3° du Code de commerce italien, le vendeur de machines industrielles conserve son privilège à condition d'avoir fait transcrire dans les trois mois de la livraison l'acte de vente sur un registre spécial qui doit être tenu au greffe du tribunal civil dans le ressort duquel la machine est placée. Les art. 814-816 et 783 1° du Code de commerce roumain ne font que reproduire les dispositions du Code de commerce italien sur la matière.

présenter de graves inconvénients. Pour y remédier, les fabricants de machines industrielles ont pris l'habitude de donner à la vente de leurs produits une forme spéciale. Lorsqu'un industriel a besoin d'une machine et ne peut la payer comptant, le fabricant la lui cède à titre de location, moyennant une redevance de tant par mois ou trimestre ; mais le contrat porte expressément que la propriété de la machine livrée sera acquise au locataire lorsque le total des redevances, par lui payées, sera égal à une certaine somme fixée dans le contrat. Appelée à se prononcer sur la nature d'une pareille convention, la jurisprudence y a d'abord vu un véritable louage de choses accompagné d'une promesse unilatérale de vente (1), mais, dans un arrêt récent (2), la Cour de cassation a décidé qu'un pareil contrat constituait une véritable vente, avec clause retardant le transfert de la propriété de l'objet jusqu'au complet paiement du prix. Tout en admettant la pleine validité de cette clause dans ses effets entre les parties, la Cour suprême a décidé qu'elle n'était pas opposable aux tiers ; c'est ainsi que, en cas de faillite de l'acheteur, survenue avant que le prix n'ait été complètement payé, elle refuse au vendeur le droit de reprendre la machine. Sans nous arrêter à discuter cette dernière partie de la décision et pour nous en te-

(1) Alger, 18 février 1888. S. 89-2-115 ; Lyon, 10 août 1888, S. 90-2-113 ; Caen, 12 novembre 1894. S. 95-2-210.

(2) Req., 21 juillet 1897. D. P. 98-1-269. Voy. dans le même sens : Amiens, 28 avril 1894. D. P. 95-2-92.

nir à l'interprétation de la nature du contrat qui nous occupe, c'est avec raison, selon nous, que la Cour de cassation y a vu une véritable vente. Si, en effet, comme elle le veut elle-même, pour déterminer la nature de notre contrat, on s'en tient moins à la qualification que lui ont donnée les parties qu'à leur intention présumée (1), il n'est pas douteux que nous ne soyons ici en présence d'une véritable vente. Ce qui le prouve surabondamment, c'est que la propriété de la machine doit appartenir au pseudo-locataire, lorsqu'il en aura payé, en loyer, la valeur fixée par le contrat : chaque terme représente donc une portion du prix et non l'équivalent de la jouissance correspondante (2).

Lorsque, dans l'hypothèse d'une pareille vente, la machine vient à périr, par suite d'un cas fortuit ou d'une force majeure, avant que le prix n'en ait été complètement payé, si l'on recherche qui doit supporter les conséquences de cette perte, la solution varie suivant l'opinion adoptée dans la controverse sur le sur le fondement de notre article 1138 Code civil. Ceux qui, comme nous, admettent que les risques sont liés au transfert de propriété, doivent décider que dans notre hypothèse ils seront à la charge du vendeur, puisque l'acheteur n'est pas encore devenu propriétaire de la machine. On devrait au contraire

(1) Cass. 23 août 1871. S. 71-1-107.

(2) Voy. sur la question de la vente des machines : M. Charmont, *Examen doctrinal. Revue critique*, année 1891.— Note de M. Appleton. Sir. 90-2-113.

les laisser à la charge de ce dernier si l'on admet, avec l'opinion adverse, que le créancier les supporte en cette seule qualité.

Avant de passer à l'étude de la question des risques dans les obligations de faire, nous devons présenter une observation relative à la rédaction même de l'article 1138, Code civil.

Cet article décide que les risques sont à la charge du créancier « dès l'instant où la chose à dû être livrée. » Toullier voyait dans ce membre de phrase « un équivoque provenant d'un vice de rédaction qu'il faudra corriger lors de la révision du Code(1). » Cette révision n'ayant pas encore eu lieu et, malheureusement, n'étant pas même près d'avoir lieu, il nous faut chercher à expliquer « cet équivoque » et à le faire concorder, si c'est possible, avec les principes généraux. Certains, prenant notre fragment de phrase à la lettre, décident que, en cas d'obligation à terme, les risques ne passent au créancier qu'à l'échéance du terme. Voilà, d'après eux, ce qu'a voulu dire la loi. Or

(1) Toullier, *op. citat.*, VI, liv. III, titre III, ch. III, sect. II, nº 202, p. 214, note 1.

Certains codes étrangers qui ont consacré la même principe que notre art. 1138 ont su éviter cet « équivoque ». Ainsi l'art. 715 du Code civil portugais dit : « Dans les aliénations de choses certaines et déterminées la translation de propriété s'opère entre les parties par le seul effet du contrat, indépendamment de toute tradition et d'une possession soit effective, soit symbolique, à moins que les parties ne se soient mises d'accord pour stipuler le contraire. » De même l'art. 1436 du Code civil mexicain qui a reproduit presque littéralement cette formule.

le terme ne suspendant pas la naissance de l'obligation ne faisant qu'en retarder l'exécution, l'obligation de livrer naît au jour du contrat et par conséquent la propriété est transférée dès ce moment. Donc une pareille opinion revient à dire que, bien que la propriété soit transférée par la convention, s'il y a un terme, les risques restent à la charge du débiteur jusqu'à l'échéance du terme. Mais, comme le fait observer Toullier, tout d'abord il serait bizarre, que le Code civil qui admet le transfert de propriété par le seul effet du consentement retardât le transport des risques à la charge du créancier, jusqu'à l'arrivée du terme, alors que l'ancien droit qui exigeait la tradition pour le transfert de propriété, chargeait, en pareille hypothèse, le créancier des risques dès le jour du contrat (1). De plus, cette opinion mettrait l'article 1138 en contradiction avec lui-même, puisque cet article décide que les risques passent au créancier « alors même que la tradition n'aurait pas été faite. » Il vaut donc mieux traduire autrement notre membre de phrase, par exemple dans ce sens, « dès que l'obligation de livrer est née », c'est-à-dire dès le moment du contrat (2). Mais alors, à quelle hypothèse se refère-t-il ?

(1) Toullier, *loc. citat.*

(2) En ce sens voy. : Baudry-Lacantinerie et Barbe, *op. citat.*, n° 366, p. 341.

Telle était bien d'ailleurs la pensée des rédacteurs du Code. Bigot-Préameneu dit, en effet, dans l'exposé des motifs : « C'est le consentement des contractants qui rend parfaite l'obligation de livrer la chose : il n'est donc pas besoin de tradition réelle pour que le créancier doive être considéré comme propriétaire, aussitôt que l'instant où la livraison doit se faire est arrivé. » (Locré, XIII, p. 327 n° 33.)

D'après Pothier (1), il préverrait l'hypothèse d'une vente au poids, au compte ou à la mesure. Il se rapporte, en effet, aussi bien au transfert de la propriété qu'au transport des risques; cela résulte de la place qu'il occupe dans notre article. Or de pareilles ventes, quoique parfaites au moment de l'accord des volontés, en ce sens du moins que l'engagement est irrévocable, ne sauraient transférer la propriété tant que l'objet n'a pas été spécialement déterminé par le compte, le poids ou la mesure. De même, ce n'est que lorsque l'objet aura été ainsi individualisé que les risques pourront passer au créancier (2). Nous arrivons donc encore ici à notre même conclusion, à savoir que les risques ne passent au créancier qu'autant que la propriété lui a été transférée, et ainsi se trouve concilié avec les principes généraux notre membre de phrase de l'article 1138 du Code civil.

Si maintenant nous nous plaçons dans l'hypothèse d'une obligation de faire, nous ne trouverons dans le Code civil aucun texte pour régler la question des risques. Nous devrons donc en chercher la solution dans l'intention des parties et les principes généraux. Or, ainsi que nous le faisions observer au début de ce chapitre, si un peintre ne peut exécuter un tableau que je lui avais commandé, nul n'osera prétendre que j'ai entendu lui payer néanmoins le prix. Si, donc, le débiteur, par suite d'un cas forfuit ou d'une force

(1) Pothier, *Traité de la Vente*, n° 308.
(2) Amiens, 13 août 1891, S. 94-12-124.

majeure, ne peut plus exécuter le fait qu'il avait promis, le créancier se trouvera libéré (1), par conséquent les risques, en cas d'obligation de faire, sont à la charge du débiteur. Cette solution est conforme à la tradition. Nous avons vu, en effet, que, en droit romain, et, par suite dans notre ancien droit, il est plus que probable, pour ne pas dire certain puisqu'il n'y a pas de textes, il en était ainsi. Elle est surtout conforme aux principes généraux que nous avons posés en tête de ce chapitre. L'obligation du débiteur étant éteinte, puisque, par suite d'un cas forfuit, elle ne peut plus être exécutée, celle du créancier se trouve désormais sans équivalent et doit disparaître. En pareil cas, si on l'obligeait à exécuter son obligation, ce ne serait pas un équivalent mais une indemnité qu'on exigerait de lui : il n'y a d'équivalent qu'autant que la contre-prestation est possible, et une indemnité n'est due qu'autant qu'il y a faute. Donc de toutes façons mettre les risques à sa charge, se serait aller à l'encontre et de l'intention des parties et de la nature même du contrat synallagmatique (2).

(1) La jurisprudence est en ce sens. Ainsi en matière de contrat de louage de choses elle décide que si le propriétaire, par suite d'une force majeure, ne peut plus remplir ses obligations, le bail est résilié de plein droit et le locataire n'a plus de loyer à payer. Voy. : Paris, 27 juillet 1850, S. 52-2-404 ; Douai, 30 mai 1852, S. 53-2-57 ; Cass., 10 février 1864, S. 64-1-118 ; Trib. de paix de Sèvres, 29 juillet 1871, S. 71-2-183 ; Trib. Seine, 20 septembre 1871, S. 71-2-183 ; Trib. de paix du VII arr. de Paris, 27 janvier 1871, S. 71-2-102 ; Angers, 12 janvier 1872, S. 73-2-22 ; Paris, 23 décembre 1871, S. 73-2-63 ; Trib. de Marseille, 29 août 1873, S. 74-2-154 ; Paris, 23 juin 1885, S. 87-2-123 ; Cour de Milan, 20 octobre 1897, S. 99-4-1.

(2) Saleilles, *op. citat.*, n° 182.

## CHAPITRE II

### REFUS D'EXÉCUTION

Occupons-nous maintenant de l'hypothèse où le débiteur refuse d'exécuter l'obligation qui lui incombe. En présence d'nn pareil refus, quelle va être la situation du créancier? Il aura, tout d'abord, le droit de demander à la justice l'exécution forcée de la prestation qui est due, et, cette exécution sera ordonnée, tout au moins, chaque fois qu'il s'agira d'une obligation de donner ou d'une obligation de faire n'impliquant pas l'intervention personnelle du débiteur. Dans ce dernier cas il pourra faire condamner son débiteur à des dommages-intérêts. Mais la loi ne met-elle pas à sa disposition certains droits, soit pour repousser les poursuites de son débiteur récalcitrant, soit pour lui permettre de sortir complètement et définitivement de cette fausse situation que lui crée le mauvais vouloir de son débiteur? Parfaitement, le créancier a deux droits à sa disposition que nous allons étudier en détail : droit de refuser l'exécution et droit de demander la résolution du contrat.

## § I. — EXCEPTIONS NON ADIMPLETI CONTRACTUS ET NON RITE ADIMPLETI CONTRACTUS.

Lorsque deux personnes font entre elles un contrat synallagmatique, il est à présumer, sauf clause contraire, qu'elles ont entendu que les deux obligations qui en naîtraient, à la charge de chacune d'elles, seraient exécutées sinon simultanément, ce qui n'est. pas toujours possible, au moins à un court intervalle Autrement dit, sauf manifestation contraire de l'intention des parties, l'exécution d'un contrat synallagmatique doit avoir lieu trait pour trait, *zug ùm zug* comme disent les Allemands. Si, donc, l'un des contractants, sans effectuer la prestation qui lui incombe, réclame de l'autre la prestation qui lui est due, ce dernier a le droit de refuser d'exécuter tant que le poursuivant n'aura pas lui-même payé. Ce droit, le nouveau Code civil allemand, dans son article 320, le consacre en ces termes (1) : « Celui qui s'oblige en vertu d'un contrat synallagmatique peut se refuser à faire la prestation

(1) Ce n'est point, comme on a tendance à le croire aujourd'hui chez nous, le nouveau Code civil allemand qui a, le premier, consacré l'exception *non adimpleti contractus*. Le Code civil argentin (1869) dans son article 1201, disait déjà : « Dans les contrats bilatéraux l'une des parties ne peut pas demander l'exécution si elle ne prouve pas qu'elle a exécuté ou offert d'exécuter ou que son obligation est à terme. » Le même principe est posé dans l'article 95 du Code fédéral des obligations (1881) dans l'article 538 du Code monténégrin (1888) et dans l'article 533 du Code civil japonais (1896) qui a paru à peu près à la même époque que le nouveau Code civil allemand.

jusqu'à ce qu'il reçoive la contre-valeur, à moins qu'il n'ait promis de la faire le premier. » Nulle part, dans notre Code civil, nous ne trouvons une pareille règle aussi nettement posée : mais cela ne doit pas nous étonner, car le législateur a moins pour but d'analyser les notions élémentaires qui servent de base à ses lois, que de réglementer les diverses situations qui peuvent se présenter. D'ailleurs, si aucun article ne pose expressément notre règle, ainsi que l'a fait l'article 320 du nouveau Code civil allemand, on peut dire qu'elle résulte de beaucoup de dispositions de notre loi. Ainsi, pour n'en citer qu'une, l'article 1184 Code civil qui accorde à chaque partie, engagée dans un contrat synallagmatique, le droit de demander la résolution du contract si l'autre n'exécute pas son obligation, ne permet-il pas, implicitement, à chaque partie de considérer ce qu'elle doit comme le gage de l'exécution de l'obligation qui lui est due (1) ? Pourtant la Cour de cassation, appelée à se prononcer en notre matière, semble bien dans son arrêt (2) n'avoir pas admis l'existence du droit qui nous occupe. Elle décide, en effet, qu'une partie ne saurait refuser l'exécution de son obligation, parce que, dit-elle, la résolution du contrat n'a pas été prononcée. Mais nous croyons avec M. Charmont (3) qu'elle est dans l'erreur, car le refus d'exécu-

(1) En ce sens Voy. Demolombe, *op. citat.*, II, n° 496 ; Note de M. Planiol D. P. 98-1-289.

(2) Cass. 1er décembre 1897, D. P. 98-1-289.

(3) *Examen Doctrinal*, *Revue Critique* de 1899, p. 65 et suiv.

tion, loin d'être incompatible avec l'existence du contrat, nous paraît, au contraire, être un droit tendant à en assurer l'exécution. Il a un caractère purement moratoire et sert comme le droit de résolution, mais avec une force moindre, de sanction indirecte du contrat. Aussi les auteurs (1) sont-ils d'accord pour en admettre l'existence dans notre droit, mais là où ils se divisent, c'est lorsqu'il s'agit d'en déterminer la nature.

Certains et, pouvons-nous dire même, la majorité, y voient un véritable droit de rétention (2). Le droit de rétention est une faveur que la loi, par équité, accorde à certains débiteurs, tandis que le droit qui nous occupe, dérive du contrat lui-même. Il résulte de la nature même du contrat synallagmatique et le rôle de la loi en notre matière consiste simplement à le mettre en relief. De plus, le droit de rétention suppose deux dettes réciproques et connexes « debitum cum re junctum », mais en même temps indépendantes respectivement, or, en matière de contrat synallagmatique il y a bien deux dettes réciproques et connexes, il y a bien le « debitum cum re junctum », mais les deux obligations sont loin d'être indépendantes puisqu'elles dérivent du même contrat. Donc, l'expression « droit de rétention » qu'emploient certains auteurs pour qua-

(1) Demolombe, *loc. citat.*; Aubry et Rau, *op. citat.*, III, § 256 bis, note 2; Baudry-Lacantinerie et Barde, *op. citat.*, II, n° 964; Saleilles, *op. citat.*, n° 171.

(2) Demolombe, *loc. citat.*; Aubry et Rau, *loc. citat.*

lifier notre droit, est inexacte et ne peut qu'amener de fâcheuses confusions. Néanmoins, chez nous, il n'y a aucun intérêt pratique à ne pas l'employer, mais en Allemagne il n'en est pas de même, car, d'après l'article 273 3° du nouveau Code civil, le droit de rétention, dans tous les cas où il existe, peut être remplacé par une autre sûreté (1).

Quelle est alors la nature du droit qui nous occupe? (2). D'autres y voient une exception ordinaire (3). Cette dernière opinion est au moins conforme à la tradition. En droit romain, la partie poursuivie sans avoir reçu la prestation à laquelle elle avait droit, pouvait, repousser la demande au moyen d'une exception de dol. On sait que cetfe exception qui se donnait en principe sous une forme vague (exceptio generalis doli) était souvent remplacée par une exception « in factum » prévoyant, d'une manière spéciale, le genre de dol commis par l'adversaire. L'exception qui nous occupe était une de ces variantes. Les auteurs modernes l'ont appelée exception « non adimpleti contractus », non pas qu'elle portât ce nom dans la loi romaine, il est au contraire tout à fait récent et a été tiré de la formule même dans laquelle cette exception était rédigée : « Nisi ea, quæ

(1) Saleilles, *op. citat.*, n° 171, p. 182.

(2) Cette question occupe peu les auteurs français, car l'exception « non adimpleti contractus » est d'un emploi assez rare chez nous, en présence du droit de résolution qui forme le droit commun.

(3) Saleilles, *op. citat.*, n° 172 ; Baudry-Lacantinerie et Barde, *loc. citat.* ; Charmont, *loc. citat.*

placita sint, adimplere paratus sit (1). » C'est sous cette forme que le nouveau Code civil allemand a admis notre droit. Le Code prussien, lui, au contraire, avait fait de l'exécution préalable la condition de la poursuite (2). D'après lui, celui qui repoussait la demande de la contre-partie déniait son droit en prétendant qu'elle demandait plus qu'il ne lui était dû. C'était là une application de la théorie de Keller et Karlowa qui, nous l'avons vu, considèrent que chaque partie dans un contrat synallagmatique doit ce à quoi elle s'est obligée moins ce qui fait l'objet de l'obligation de l'autre. Tandis, donc, que le nouveau Code civil allemand, avec la première opinion, traite notre droit comme une véritable exception, le Code prussien, avec la seconde, y voit un moyen de défense. Il est important, soit au point de vue de la procédure, soit à celui de la preuve, de prendre partie entre ces deux opinions.

Si la partie poursuivie, pour repousser la contre-partie, doit invoquer une véritable exception, elle devra le faire à un moment déterminé sans que le juge, si elle l'oublie, puisse y suppléer d'office. Au contraire, si le droit qu'elle invoque est un simple moyen de défense, elle pourra le faire en tout état de cause, et le juge même, à son défaut, pourrait y suppléer.

Au point de vue de la preuve, si le droit qui nous occupe est une véritable dénégation du droit du demandeur, c'est à lui qu'incombera le fardeau de la

(1) Loi 21, Code, livre II, titre II.
(2) A. L. R. I, § 321, note 3.

preuve. Au contraire, si l'on admet que c'est une exception, il faut décider que c'est au défendeur à prouver ce qu'il avance. Certains malgré un texte de Gaius au *Digeste* (1), qualifiant notre droit d'exception, ont trouvé bien rigoureux de laisser la preuve à la charge du défendeur qui n'eût eu rien à prouver si, au lieu de rester sur la défensive, il avait pris l'offensive, en exerçant son droit sous forme d'action. Les partisans de cette opinion s'appuient, d'ailleurs, sur un texte du *Digeste* où il est dit, à propos d'un acheteur qui poursuit l'exécution de la vente sans offrir le prix, que, tant qu'il ne l'a pas offert, son action n'existe pas : « nondum est ex empto actio (2). » Forcément, disent-ils, si l'exécution préalable doit être considérée comme une des conditions d'admission de la poursuite, c'est au demandeur à faire la preuve de cette exécution : mais c'est là, nous semble-t-il, dénaturer la physionomie du contrat synallagmatique. Si la loi, par mesure d'équité, permet à la partie poursuivie de ne payer qu'après l'avoir été elle-même, cela ne veut pas dire qu'elle fasse de l'exécution préalable la condition d'admission de la poursuite. Il fallait donc, pour qu'une pareille théorie devînt admissible, modifier la notion du contrat synallagmatique. C'est ce que l'on fit, et l'on dit que chaque obligation qu'il engendre devait être considérée comme l'équivalent de l'autre, chaque partie ne doit payer que contre l'équivalent promis :

(1) Loi 15, *Dig.*, liv. XIX, titre 1.
(2) Loi 13 § 8, *Dig.*, liv. XIX, titre 1.

c'est à celui qui poursuit, dit-on, à prouver qu'il a fourni l'équivalent (1).

Les partisans de l'opinion qui voit dans notre droit une véritable exception furent touchés par les raisons d'équité ci-dessus rapportées ; aussi décidèrent-ils, eux aussi, de mettre la preuve à la charge du demandeur, et voici par quel raisonnement ils en arrivent à cette solution, si bizarre au premier abord (2). Le défendeur, disent-ils, ne doit prouver seulement que le fondement de son exception ; or, quel est-il dans notre hypothèse ? C'est, non pas le non-paiement de l'obligation corrélative, mais l'existence même de la dette du demandeur, existence qui découle du contrat : donc, la preuve du défendeur sera faite lorsqu'il aura prouvé le contrat. De même que, en matière de compensation, le débiteur poursuivi, à qui l'on réclame le paiement d'une dette et qui invoque la compensation, n'a qu'à prouver l'existence de la dette ainsi invoquée en compensation, laissant au demandeur le soin de prouver qu'elle est éteinte ; de même, en notre matière, le demandeur devra prouver que la dette invoquée par le défendeur est éteinte, c'est-à-dire qu'il a exécuté son obligation. Le Code saxon dit : c'est à celui qui prétend avoir accompli les obligations, que le contrat lui impose à le prouver (3).

(1) Glück, *Pandecten*, XVII, p. 229-230 et note 45-46.
(2) Saleilles, *Annales de droit commercial*, 1893, p. 34 et suiv.
(3) Bürg, *Gesetzbuch für d. Königr. Sachs.* § 861.

On voit donc maintenant quel intérêt il y a à prendre parti dans la discussion sur la nature du droit qui nous occupe, sinon au point de vue de la preuve, puisque les deux systèmes aboutissent au même résultat en pratique, en la mettant à la charge du demandeur, tout au moins quant à la procédure. Pour nous, repoussant, comme nous l'avons fait au début de la deuxième partie, le système de Keller et Karlowa, nous considérons les deux obligations nées d'un même contrat synallagmatique comme se tenant en face l'une de l'autre à titre d'équivalent, donc, la partie qui poursuit sans avoir exécuté la sienne, méconnaît, d'après nous, la nature de l'obligation dont elle demande le paiement, et nous admettons qu'elle devra être repoussée par une véritable exception.

Il nous faut examiner, maintenant, une autre hypothèse, voisine de celle que nous venons d'étudier, nous voulons parler du cas où la partie qui poursuit n'a, elle-même, exécuté que partiellement son obligation. L'objet livré par elle, par exemple, ne présente pas toutes les qualités que les parties avaient en vue en contractant ou bien est entaché de certains vices. L'inexécution partielle, en droit, est assimilée au défaut d'exécution, par conséquent, dans notre hypothèse, comme dans la précédente, nous devons admettre, pour la partie poursuivie, le droit de repousser le demandeur, autrement dit, nous devons lui accorder l'exception *non adimpleti contractus* ou, comme certains l'appellent, faussement d'après nous, un droit de rétention. Notre Code l'admet expressément en matière de vente tout au moins, et, de même que nul ne fait de difficulté pour étendre à tous les contrats synallagmatiques, la disposition de l'article 1612 C. civ. qui accorde au vendeur l'exception *non adimpleti contractus*, dans le cas où l'acheteur n'a pas payé le prix, de même nous pouvons admettre une extension analogue pour l'article 1653 C. civ. qui permet à l'acheteur, craignant une éviction, de retarder le paiement de son prix.

Ceux qui voient dans l'article 1612 C. civ. une application du droit de rétention, en voient encore une dans notre hypothèse; mais ceux qui, comme nous, admettent que le droit, conféré au vendeur par cet article, constitue une véritable exception, doivent l'admettre encore ici. Les auteurs allemands, pour distinguer cette nouvelle exception de celle que la loi accorde en cas de défaut absolu de paiement, l'appellent exception *non rite adimpleti contractus*. Dans le textes romains, on ne trouve pas plus d'exception *non rite adimpleti contractus* que d'exception *non adimpleti contractus*, et pour la même cause. Pourtant, il ne faudrait pas en conclure que, en pareille hypothèse, le droit romain laissât le défendeur complètement désarmé. Un texte du Digeste (1) nous parle, en effet, d'un acheteur d'esclave qui, ayant été évincé, repousse la poursuite de son

(1) Loi 5, § 4, Dig., liv. XLIV, tit. IV.

vendeur au moyen d'une exception *mercis non traditæ;* or il n'est pas bien difficile de reconnaître dans cette exception celle que les auteurs modernes ont baptisée exception *non rite adimpleti contractus.* Quoi qu'en aient dit certains (1), elle existait donc en droit romain, et il n'y a rien d'étonnant à ce que notre droit moderne, qui a puisé dans ce droit sa théorie des obligations, la lui ait empruntée.

Son existence dans le droit moderne, une fois établie et admise, reste à régler à son sujet, comme nous venons de le faire pour l'exception *non adimpleti contractus*, la question de preuve.

Ceux qui, avec le Code prussien, admettent que c'est au demandeur à prouver qu'il a exécuté, doivent admettre de même que c'est à lui à prouver qu'il a complètement exécuté. Les romanistes, qui voient, dans le droit du défendeur de refuser l'exécution, lorsque le demandeur n'a pas encore exécuté, une véritable exception, doivent, à plus forte raison, en voir une dans le droit qu'a le défendeur dans notre hypothèse. Comme pour l'exception *non adimpleti contractus*, en cas d'exception *non rite adimpleti contractus*, ils exigent simplement du défendeur qu'il prouve le fondement de son exception, c'est-à-dire le contrat, laissant au demandeur le soin de faire la preuve de sa complète exécution. Mais, si, logiquement, on peut exiger du demandeur qu'il prouve qu'il

(1) Olier, Thèse de doctorat, 1894.

a exécuté, car il a dû se réserver une preuve de son paiement, il peut paraître bien rigoureux de lui imposer la preuve d'un paiement parfait, surtout si l'imperfection dont il est entaché consiste dans un vice qui, après avoir existé lors de l'exécution, a, depuis, disparu (1). Ce serait faire la partie trop belle au défendeur qui, s'il était de mauvaise foi, pour retarder son propre paiement, n'aurait qu'à invoquer un vice imaginaire. On a donc cherché un palliatif à la rigueur de ces principes, et, à cet sujet, plusieurs théories ont vu le jour.

Une première admet que le paiement doit être présumé régulier, si le créancier, ayant le temps moral de le vérifier, l'accepte (2). Elle rejette donc le fardeau de la preuve sur le défendeur, en pareille hypothèse au moins. Malheureusement elle ne saurait s'appliquer aux obligations de faire qui n'impliquent pas livraison, ni aux obligations de donner, lorsque c'est un autre que le créancier qui reçoit le paiement. Pour ces deux sortes d'obligations, donc, le palliatif proposé fait défaut et la question reste entière.

Une seconde théorie, partant de cette idée que l'obligation relative aux vices, en cas de dette de corps certain, est une obligation accessoire ne prenant naissance qu'autant que le vice apparaît, met à la charge du défendeur la preuve de l'existence du vice. Mais cette théorie est en défaut, soit quand il s'agit d'une

(1) Saleilles, *op. citat.*, p. 112.
(2) Windscheid, *Pand.*, II, § 321, notes 7 et 8.

dette de genre, car alors l'obligation relative aux vices se confond avec l'obligation principale, soit au cas de vice déclaré par le vendeur dans une dette de corps certain (1).

Ni l'une ni l'autre des deux théories proposées n'est donc pleinement satisfaisante; aussi croyons-nous que, en présence des difficultés que présente notre matière, le nouveau Code civil allemand a pris le parti le plus sage, celui de repousser l'exception *non rite adimpleti contractus*. Ce n'est pas à dire qu'au cas d'inexécution partielle de l'obligation du demandeur, le défendeur soit désarmé : il conserve une action distincte pour faire valoir son droit au complément d'exécution, si toutefois il est prouvé qu'il a entendu se réserver le droit d'agir.

## § II. — RÉSOLUTION

Afin d'étudier complètement ce nouveau droit accordé par la loi au créancier pour triompher du mauvais vouloir de son débiteur, nous envisagerons successivement une série d'hypothèses : l'inexécution peut être, en effet, soit totale, soit partielle. Enfin, dans un autre paragraphe, nous rechercherons si la résolution est possible lorsque l'inexécution provient d'un cas fortuit.

(1) Saleilles, *op. citat.*, p. 201 et suiv.

### I. — *Inexécution totale*

Nous venons de voir dans le paragraphe précédent que le créancier a le droit de refuser l'exécution de son obligation lorsque le débiteur n'exécute pas la sienne. Est-ce là un remède suffisant contre le mauvais vouloir du débiteur? Est-il équitable de laisser ainsi le créancier indéfiniment dans les liens de l'obligation, jusqu'à ce que le débiteur veuille bien exécuter la sienne? N'est-il pas à craindre que l'objet de l'obligation du créancier ne se détériore? Enfin, si, par suite du mauvais vouloir prolongé du débiteur, son obligation devient inexécutable, le créancier restera-t-il tenu éternellement? En pareil cas, en effet, on ne peut pas dire qu'il soit libéré, car le contrat subsiste, au moins quant à lui, son obligation ayant comme équivalent une action en dommages-intérêts : mais cet équivalent est insuffisant, et, au lieu de laisser ainsi le créancier courir les risques de l'insolvabilité du débiteur, ne serait-il pas préférable de lui accorder la résolution du contrat? Dans certaines hypothèses, cela ne fait aucun doute.

Il peut arriver que le créancier soit obligé de se procurer, autre part, la chose que lui devait le débiteur. Si l'on décide que le contrat est maintenu, il subira un préjudice lorsqu'il sera forcé d'accepter l'exécution tardive. De même en cas d'inexécution partielle, si une pareille exécution préjudicie au créancier, ne vaudrait-il pas mieux, au lieu de lui accorder après coup le moyen de réparer le préjudice subi, éviter ce dernier en déclarant le contrat résolu ? Mais alors, si l'on admet la résolution en cas d'inexécution tardive ou partielle, il n'y a aucune bonne raison pour ne pas l'admettre en cas d'inexécution totale, et c'est bien ce qu'ont compris les rédacteurs de notre Code civil en y insérant l'art. 1184, qui déclare le contrat synallagmatique résoluble, lorsque l'une des parties ne satisfait pas à ses engagements.

Le fondement d'une pareille disposition, ainsi que le dit Bigot-Préameneu dans l'*Exposé des motifs*, se trouve dans l'intention des parties : « Dans les contrats synallagmatiques, dit-il, chaque partie n'est présumée d'être engagée que sous une condition résolutoire dans le cas où l'autre partie ne satisferait point à cet engagement (1). » C'est donc sur l'équité que repose notre disposition (2), et on comprend alors que le législateur, en l'édictant, y ait apporté certains ménagements, accordant au juge un large pouvoir d'appréciation et la faculté de concéder des délais. C'est en vain, croyons-nous, que certains auteurs ont essayé de fonder notre condition résolutoire tacite sur une base juridique (3). Demolombe, pour le démontrer,

(1) *Exposé des motifs*, Locré, XII, p. 342, n° 70, al. 1.

(2) Laurent, *op. citat.*, XVII, n° 122; Vigié, *op. citat.*, II, n° 1415; Baudry-Lacantinerie et Barde, *op. citat.*, II, n° 903. En ce sens : *Civ. rej.*, 29 novembre 1865, S. 66-1-21.

(3) Demolombe, *op. citat.*, II, n° 489; Larombière, *op. citat.*, III (art. 1184, n° 1).

fait le raisonnement suivant : les deux obligations des parties se servant mutuellement de cause l'une à l'autre, si l'une d'elles disparaît, l'autre reste sans cause et le contrat doit être résolu (1). C'est exactement le même raisonnement que faisait la Cour de cassation dans un arrêt du 14 avril 1891 (2). Malheureusement, ce raisonnement, partant d'une prémisse fausse, en arrive fatalement à une conclusion erronée. Nous avons vu, au début de la deuxième partie, que, si l'on peut dire que les deux obligations naissant d'un contrat synallagmatique se servent réciproquement de cause au moment de la formation du contrat, une pareille proposition n'est plus exacte après ; mais, en admettant même, avec Demolombe et la Cour de cassation, l'existence d'un rapport de causalité entre les deux obligations nées d'un même contrat synallagmatique, leur conclusion n'en est pas moins erronée. Si, en effet, l'une des deux obligations vient à disparaître, comme ils le disent eux-mêmes, l'autre est sans cause ; mais alors ce n'est pas de la résolution qu'il peut être question, mais bien de la nullité absolue pour défaut de cause. C'est donc en vain que l'on a essayé de donner à notre article 1184 C. civ. un fondement juridique, c'est sur l'équité seule qu'il repose : c'est une présomption légale de l'intention des parties. Il est permis de s'étonner alors qu'un pareil principe ne se rencontre pas dans toutes les législations de toutes

(1) Demolombe, *loc. citat.*
(2) DP., 91-1-329.

les époques, car, sûrement, de tout temps, l'intention des parties a dû être la même. Il n'est pas exact, en effet, de dire, comme l'a fait Grenier, que : « de tout temps il a été de principe que la condition résolutoire est sous-entendue dans les contrats synallagmatiques en cas d'inexécution (1). » Elle y était bien, puisque l'intention des parties n'a jamais changé, mais toutes les législations n'ont pas, comme la nôtre, inséré dans leur loi une présomption légale de cette intention des parties.

Le droit romain ne l'avait pas admise, au moins en ce qui concerne les contrats nommés. Le vendeur y était ou très protégé ou pas assez, suivant que la vente avait lieu au comptant ou à terme ; mais il n'avait droit à la résolution que s'il avait eu soin d'insérer dans le contrat une clause spéciale l'autorisant et qu'on nomme *lex commissoria*. Notre ancienne jurisprudence française admit les règles romaines, qui se maintinrent dans certains Parlements des pays de droit écrit (2) jusqu'à la promulgation du Code civil ; mais, dans les pays de droit coutumier, on apporta vite des atténuations à la rigueur de ces principes.

Domat (3) et après lui Pothier (4), après nous avoir parlé de la coutume qu'avaient les parties d'introduire

(1) *Traité des privilèges et hypothèques*, I, n° 379.

(2) Celui de Toulouse, par exemple.

(3) Lois civiles, liv. I, tit. II, sect. II, n° 19, et sect. XII, n° 11.

(4) *Traité des obligations*, II, n° 672, et *Traité de la vente*, n° 476.

une *lex commissoria* dans les contrats synallagmatiques qu'elles concluaient, nous signalent aussitôt l'avènement de la doctrine nouvelle, œuvre des Parlements. Désormais, nous disent ils, on sous-entend une condition résolutoire tacite dans les contrats synallagmatiques par raison d'équité, « parce que, dit Pothier, le plus souvent on ne peut, sans de grands frais, se faire payer (1). » Mais une différence n'en subsiste pas moins entre l'ancienne *lex commissoria* et la condition résolutoire tacite. Les Parlements qui, en cette circonstance, s'étaient faits, comme les prêteurs à Rome, les apôtres de l'équité, n'osèrent pas, du premier coup, aller trop loin en accordant à cette nouvelle condition résolutoire tacite la même force qu'à la *lex commissoria*. Ils décidèrent que le juge ne pourrait, à défaut de clause expresse contenue dans le contrat, accorder la résolution qu'après l'expiration d'un délai imparti au débiteur pour s'exécuter, tandis que, en cas de *lex commissoria*, la résolution pouvait être prononcée de suite. A ces traits, il est facile de reconnaître que c'est la même condition résolutoire tacite qu'a sanctionnée notre Code civil (2). Certains trouvant qu'il est allé trop loin, nous serions mal venu

(1) *Traité de la vente*, n° 476.

(2) Beaucoup de Codes civils étrangers, imitant le nôtre, ont posé le principe d'une condition résolutoire tacite sous-entendue dans tout contrat synallagmatique. Il en est ainsi dans le Code civil néerlandais (art. 1302), dans le Code civil italien (art. 1165), dans le Code civil chilien (art. 1489), dans le Code civil mexicain (art. 1349-1350), dans le Code civil espagnol (art. 1124).

à lui reprocher sa modération, qui s'impose, d'ailleurs, dans une matière toute d'équité comme la nôtre.

Le nouveau Code civil allemand admet bien, lui aussi, la résolution du contrat synallagmatique pour défaut d'exécution de l'une des obligations, mais nulle part il ne pose un principe aussi large que celui de notre article 1184 Code civil, et, dans les hypothèses où il l'admet, il se montre plus sévère relativement aux conditions d'admission. La résolution, en effet, y suppose la faute du débiteur jointe à l'impossibilité objective d'exécution (1). Il porte, il est vrai, lui-même un tempérament à la trop grande rigueur de ces conditions. Il eût été souvent très difficile et très onéreux pour le créancier de prouver qu'il n'avait plus aucune chance d'être payé; aussi, pour lui faciliter cette preuve, le nouveau Code civil allemand assimile-t-il à l'impossibilité objective l'impossibilité fictive d'exécution qui consiste dans une fixation de délai par le créancier au débiteur, passé lequel, si le débiteur n'a pas exécuté, le créancier est présumé avoir renoncé à sa créance en nature pour une créance en indemnité ou une action en résolution, car cette dernière est le corrélatif de l'action en dommages-intérêts pour inexécution (2).

(1) D'art. 325 est ainsi conçu : «Lorsque la prestation incombant à l'une des parties, en vertu d'un contrat synallagmatique, est devenue impossible en raison d'un fait dont elle est responsable, l'autre partie peut demander des dommages-intérêts pour l'inexécution, ou la résolution.... « (Trad. De la Grasserie).

(2) L'art. 326 dit : « Lorsque, dans un contrat synallagmatique,

Ce n'est pas d'ailleurs le seul point sur lequel les deux législations diffèrent.

Chez nous, la résolution, d'après l'article 1184 Code civil n'a pas lieu de plein droit : les parties doivent s'adresser au juge qui ne la prononcera que suivant les circonstances de la cause. Il pourra même, s'il le juge convenable, accorder des délais au défendeur pour lui permettre de s'exécuter. En droit allemand, rien de semblable. On s'y méfie de l'appréciation du juge et l'on cherche à l'éviter le plus possible : aussi décide-t-on que la résolution dépendra d'une simple manifestation de volonté du créancier. Notre système, à ce point de vue, est de beaucoup préférable, car, la condition résolutoire tacite ne reposant que sur l'équité, elle ne devra être accordée que si vraiment les circonstances de la cause l'exigent, et l'on comprend très bien le pouvoir d'appréciation laissé au juge en cette circonstance.

Notre article 1184 Code civil lui confère même le

l'une des parties est en retard de faire la prestation qui lui incombe, l'autre partie peut lui impartir un délai raisonnable, en lui déclarant qu'après ce délai elle refusera cette prestation. Elle aura le droit ensuite de demander des dommages-intérêts pour inexécution ou la résolution ; si la prestation n'a pas eu lieu à temps, elle ne pourra plus exiger l'exécution...... » (Trad. De la Grasserie.) Cet article reproduit à peu près textuellement la disposition de l'art. 122 du Code fédéral des obligations, ainsi conçu : « Lorsque, dans un contrat bilatéral, l'un des contractants est en demeure, l'autre partie a le droit de fixer ou de lui faire fixer par l'autorité compétente un délai convenable, en le prévenant que, faute par lui de s'exécuter, le contrat se trouvera résilié à l'expiration du délai. »

pouvoir de condamner le débiteur, qui cause la résolution par sa faute, à des dommages-intérêts au profit du créancier, pour réparer le préjudice que ce dernier pourrait subir. Disposition excellente, car bien souvent il ne suffira pas au créancier d'être remis dans la situation qu'il eût occupé si le contrat n'avait pas eu lieu, il peut encore subir un préjudice qui ne saurait être réparé que par des dommages-intérêts. C'est à tort, croyons-nous, que le nouveau Code civil allemand laisse le choix, au créancier, entre la résolution et les dommages-intérêts, n'en admettant pas le cumul (1). Le créancier, dit-on, ayant la faculté de choisir, n'a qu'à intenter l'action qu'il juge préférable ; mais il peut arriver que l'action choisie par lui, tout en étant préférable à l'autre, ne suffise pas pour réparer le préjudice subi, tandis que, chez nous, ce résultat pourra être atteint. Mais, si sur ces deux premiers points le nouveau Code civil allemand est inférieur au nôtre, il lui est, au contraire, bien supérieur lorsqu'il s'agit des effets de la résolution. Chez nous, la résolution une fois prononcée, le contrat est anéanti et avec lui le transfert de propriété qui en a été la conséquence : dans le cas, donc, d'une obligation de donner, la propriété est censée n'avoir jamais appartenu au débiteur, et,

(1) Art. 325 et 326 précités. Le Code fédéral des obligations, dans son article 124, admet au contraire la même règle que le nôtre : « Dans les cas prévus aux articles 122 et 123, la partie qui se départ du contrat peut demander la restitution de ce qu'elle a payé, et, de plus, des dommages-intérêts, si elle justifie que l'autre partie est en faute. »

par suite, toutes les aliénations, tous les droits réels consentis par lui sur la chose sont anéantis (1). On comprend tous les troubles économiques que peut entraîner une pareille solution, aussi doit-on féliciter le nouveau Code civil allemand (2) d'avoir, à la suite du Code fédéral des obligations (3), rompu avec la tradition, et de n'avoir accordé à la résolution que des effets personnels ; le contrat résolu, chaque partie a simplement une action contre l'autre, pour la forcer à la replacer dans la situation antérieure (4).

## II. — *Inexécution partielle*

Nous devons, pour être complet en cette matière, faire une nouvelle sous-distinction. Il y a, en effet, inexécution partielle, soit que le débiteur n'exécute qu'une partie de son obligation, soit qu'il livre un objet de qualité inférieure à celui promis, soit enfin qu'il soit simplement en retard pour effectuer sa prestation.

(1) Aubry et Rau, *op. citat.*, IV, p. 85 ; Demolombe, *op. citat.*, II, n° 517 bis ; Laurent, *op. citat.*, XVII, n° 145 ; Huc, *op. citat.*, VII, n° 273 ; Baudry-Lacantinerie et Barde, *op. citat.*, II, n° 935 — Cass., 31 décembre 1856, S. 57-1-641.

(2) L'art. 346 s'exprime en ces termes : « Si dans un contrat l'une des parties s'est réservé le droit de résolution, les parties sont obligées, si la résolution a lieu, de se restituer réciproquement les prestations fournies.... »

(3) Art. 124 précité.

(4) Saleilles, *Essai d'une théorie générale des obligations*, n° 192, p. 205 ; Baudry-Lacantinerie et Barde, *op. citat.*, II, n° 935 p. 117.

1. — Tout d'abord, il peut arriver que le débiteur exécute son obligation, mais pour partie seulement. Le créancier, en pareil cas, aura-t-il droit à la résolution ? D'après le système du Code civil allemand, il faut faire une distinction suivant que l'inexécution partielle équivaut ou non à l'inexécution totale, et n'admettre la résolution que dans le premier cas (1).

Certains auteurs ont essayé à tort, selon nous, de soutenir qu'il en était de même en droit français (2). Ils s'appuient sur Pothier qui, dans son *Traité de la Vente* (3), après avoir dit que ce contrat est résoluble pour non-paiement du prix, s'empresse d'ajouter que, en cas d'inexécution partielle, la résolution ne saurait être accordée qu'autant qu'il est démontré que l'acheteur n'eût pas contracté s'il avait pu s'en douter. Or, dit-on, notre Code civil a copié presque textuellement Pothier, dans son article 1636, en matière de garantie pour cause d'éviction ; il faut en conclure qu'il s'est approprié la théorie de ce savant auteur et décider que la résolution ne sera possible, en cas d'inexécution partielle, qu'autant que la portion exécutée sera sans utilité pour le créancier. Mais une pareille conclusion n'est-elle pas un peu trop exagérée ? N'est-il pas témé-

(1) Art. 325 dit : « ..... Lorsque l'impossibilité n'est que partielle, elle a le droit, si l'exécution partielle est sans intérêt pour elle, de demander des dommages-intérêts pour inexécution totale conformément à l'art. 280, al. 2, ou la résolution ..... »

(2) Demolombe, *op. citat.*, II nos 498-500 ; Laurent, *op. citat.*, XVII, n° 127 ; Aubry et Rau, *op. citat.*, IV, § 532, p. 83.

(3) *Traité de la Vente*, nos 145 et 476.

raire de confondre deux théories bien différentes, selon nous : celle de la garantie et celle de la résolution ? Lorque, en effet, en matière de garantie, on se demande si le contrat doit être ou non résolu pour inexécution partielle de l'obligation du débiteur, c'est une question d'interprétation d'étendue d'une obligation qui se pose. Le débiteur a promis, soit expressément, soit tacitement, de faire avoir la chose au créancier avec tous ses avantages ; or ne serait-ce pas aller bien loin dans l'interprétation de sa volonté, que de décider qu'il a entendu permettre au créancier de faire résoudre le contrat pour une minime inexécution partielle ? En matière de résolution, il n'en est pas ainsi ; l'article 1184 du Code civil accorde au créancier une véritable contrainte pour forcer le débiteur à exécuter son obligation et à l'exécuter complètement, il faut donc logiquement décider que cet article devra recevoir son application dans tous les cas d'inexécution même partielle (1).

Mais, si nous admettons que la résolution soit possible dans tous les cas d'inexécution même partielle, ce n'est pas à dire que nous soyons d'avis qu'il faille toujours la prononcer. Comme nous venons de le dire, l'article 1184 Code civil accorde au créancier un moyen de contraindre son débiteur à s'exécuter ; c'est donc une véritable faveur que lui fait la loi. Il ne faudrait donc pas qu'une application par trop rigoureuse de cette disposition tournât à son désavantage, ce qui fatale-

(1) Saleilles, *op. citat.*, n° 196, p. 208-209.

ment ne manquerait pas d'arriver si, dans tous les cas, on prononçait la résolution du contrat pour inexécution partielle de l'une des obligations. Il peut très bien se faire, en effet, que l'exécution, même partielle, du contrat présente pour le créancier certains avantages dont le priverait la résolution. Aussi doit-on approuver le revirement qui s'est produit dans la jurisprudence de la Cour de cassation. Après avoir longtemps décidé, logiquement sans doute, mais aussi trop rigoureusement, que la résolution devait être prononcée dans tous les cas d'inexécution partielle (1), la Cour suprême est revenue à une doctrine plus équitable. Elle décide aujourd'hui et depuis pas mal de temps déjà que, en notre matière, le juge jouit d'un large pouvoir d'appréciation (2). Il doit rechercher, en s'inspirant des termes mêmes de l'acte qui constate la convention, quelle a été l'intention probable des parties au moment où elles contractaient. Il ne doit prononcer la résolution que dans le cas où des dommages-intérêts ne sauraient équitablement compenser pour le créancier la partie non exécutée de l'obligation du débiteur. C'est ainsi, et selon la même règle, que des dommages-intérêts ont été jugés suffisants dans une hypothèse où c'était seulement une obligation accessoire qui n'avait

(1) Cass. 12 avril 1843, S 43-1-281.

(2) Civ. rej. 29 novembre 1865, D. P. 66-1-27; Req. 26 mai 1868, D. P. 69-1-365 ; Req 4 mars 1872, D. P. 72-1-361 ; Req. 5 janvier 1876, S 76-1-104 ; Req. 11 avril 1888, S 88-1-216 ; Cass. 14 avril 1891, S. 94-1-391 ; Cass. 9 janvier 1893, S 94-1-438 ; Civ. rej. 24 avril 1893, D. P. 93-1-406 ; Req. 23 février 1898, S 98-1-440.

pas été exécutée (1). En pareil cas, d'ailleurs, la résolution eût manqué de fondement, car on ne pouvait pas dire que l'obligation du créancier fût sans équivalent, l'obligation principale du débiteur ayant été exécutée. Mais dans les espèces où l'obligation du débiteur forme un tout indivisible, ou la question pour le créancier, se pose en ces termes : tout ou rien, le juge ne doit pas hésiter et prononcer la résolution, quelque minime que soit la portion non exécutée de l'obligation du débiteur (2).

Nous croyons inutile d'établir une distinction entre les diverses hypothèses qui peuvent se présenter pour essayer de justifier les deux règles si différentes appliquées successivement par la jurisprudence en notre matière. MM. Aubry et Rau ont cru pouvoir le faire, en posant comme règle que la résolution doit être prononcée dans tous les cas d'inexécution même partielle d'obligations de faire ou de donner un corps certain, mais que, en cas d'obligation négative de ne pas faire, le juge devait jouir d'un pouvoir très large d'appréciation. Malheureusement une pareille règle ne pouvait guère s'appuyer que sur la diversité des espèces soumises à la Cour suprême et ayant fait l'objet de deux décisions contraires, mais elle ne pouvait supporter aucune critique, ne reposant sur aucune considération sérieuse d'équité ni sur aucun argument de texte. Aussi la

(1) Cass. 29 novembre 1865, S. 66-1-21 ; Amiens 3 août 1881, S. 82-2-130 ; Paris 21 avril 1896, S. 97-2-9.

(2) Cass. 22 mai 1816, S. chr.

jurisprudence nous a-t-elle montré elle-même le cas qu'il fallait en faire, en n'en tenant aucun compte et en appliquant désormais à toutes les hypothèses qui se présentent la règle laissant aux tribunaux un large pouvoir d'appréciation. Ainsi que nous le faisions observer plus haut, on ne saurait trop l'en féliciter, car c'est la seule règle vraiment équitable et juridique applicable en notre matière. Elle seule est conforme à l'esprit de la loi, car seule elle ne nuira pas au créancier en voulant lui être utile.

2. — Supposons maintenant que le débiteur d'une obligation de donner livre à son créancier une chose non conforme à celle qu'il avait promise. En principe il n'exécute pas son obligation, l'article 1184 Code civil est applicable et la résolution devrait être prononcée ; mais en est-il ainsi en pratique? La Cour de cassation jusqu'à aujourd'hui n'a guère été appelée à se prononcer qu'en matière de vente commerciale, mais la solution qu'elle adopte en cette matière nous paraît si bien conforme aux principes généraux du droit, que nous n'hésitons pas à l'étendre à tous les contrats synallagmatiques donnant naissance à une obligation de donner. Elle admet, en effet, ici, comme dans l'hypothèse où le débiteur n'exécute qu'une partie de son obligation, que le juge jouit d'un très large pouvoir d'appréciation. Il doit rechercher l'intention des parties et ne prononcer la résolution du contrat que dans le cas où il juge qu'une diminution de prix ne serait pas suffisante pour réparer le préjudice subi par le

créancier, en étant forcé d'accepter la livraison d'une marchandise, autre que celle qu'il attendait (1). De plus certaines Cours admettent que, si l'acquéreur a reçu lui-même la livraison ou si elle a été effectuée entre les mains d'une personne à qui il avait donné mission pour cela, il n'est plus recevable à réclamer (2); mais il n'y a là qu'une présomption *juris tantum* de renonciation par le créancier au droit de se prévaloir de la défectuosité de la chose qu'il a reçue (3). Cette présomption n'est pas universellement admise en jurisprudence (4), et, dans les Cours d'appels où elle est admise, elle doit pouvoir être écartée par la preuve contraire résultant des usages ou des circonstances (5). Mais la résolution devrait être prononcée indubitablement, s'il y avait un trop grand écart entre la chose promise et la chose livrée (6).

(1) Civ. rej., 20 novembre 1871, D. P. 73-1-209; Req. 1er décembre 1875, D. P. 77-1-450.

(2). Trib. comm. Narbonne, 23 janvier 1875, et Montpellier, 14 mai 1875 sous Cass. 5 janvier 1876, S. 76-1-61; Cass. 10 juillet 1877, S. 77-1-413.

(3) La jurisprudence est à peu près unanime pour refuser l'application de l'article 105 C. com. dans les rapports du vendeur et de l'acheteur. Cass. 10 janvier 1870, S. 70-1-208; Cass. 1er avril 1873, S. 74-1-195; Chambéry, 12 juin 1875, S. 77-2-106.

(4) Certaines cours admettent que la réception de la marchandise laisse les droits de l'acheteur intacts : Trib. Melun, 11 juin 1869, et Paris, 18 mars 1870, S. 70-2-321; Douai, 22 août 1872, S. 72-2-48.

(5) Lyon, 1er juin 1857, D. P. 58-2-20; Paris, 18 mars 1870, D. P. 71-2-31; Bordeaux, 4 juin 1874, D. P. 75-2-99; Req. 21 mars 1893, D. P. 94-1 324.

(6) Cass. 4 décembre 1871, D. P. 73-1-201.

3. — Enfin, la résolution pourra être demandée par le créancier lorsque son débiteur sera seulement en retard d'exécuter son obligation. L'article 1610 Code civil le dit expressément pour la vente, et la même solution ressort pour tout contrat synallagmatique, des termes même de l'article 1184 Code civil. Cet article décide que la résolution peut être demandée et prononcée, d'une façon générale, en cas d'inexécution de l'une des obligations. Or le retard est compris dans cette expression générale d'inexécution, puisque notre article laissant au créancier le choix entre l'exécution forcée et la résolution suppose implicitement que le débiteur n'est qu'en retard. En pareille hypothèse, à quelles conditions le créancier pourra-t-il faire prononcer la résolution du contrat ? Ainsi que nous allons le voir, l'article 1184 Code civil suppose une faute chez celui qui n'exécute pas. Le créancier devra donc prouver que le retard du débiteur est fautif, et, pour cela, croyons-nous, il devra le mettre en demeure (1). Cette solution est, d'ailleurs, éminemment équitable, car on ne saurait punir le débiteur de n'avoir pas exécuté, en le privant du bénéfice qu'il eût pu tirer de son contrat, tant que le créancier n'a pas manifesté, d'une façon ferme et non douteuse, son intention d'être payé. C'est d'ailleurs cette dernière raison qui a conduit une partie de la jurisprudence à décider que la mise en demeure du débiteur pourrait résulter, dans notre hypothèse,

(1) Cass. 28 novembre 1843, D. A. V° vente n° 684.

non seulement d'une sommation, mais même d'une lettre missive ou d'un télégramme, pourvu que l'intention du créancier y soit manifestement exprimée (1). Sans entrer dans une discussion approfondie de cette dernière opinion, contentons-nous de dire que nous approuvons la Cour de cassation qui la repousse (2). La loi dit bien que la mise en demeure peut résulter d'une sommation ou de tout autre acte, mais il nous semble que c'est pousser un peu trop loin l'interprétation de ce texte que de faire entrer une lettre missive ou un télégramme dans l'expression «acte». De quelque façon que le débiteur soit mis en demeure, sauf dans certains cas où la jurisprudence admet qu'elle résulte de la convention elle-même (3), la mise en demeure du débiteur est donc nécessaire.

Mais, la faute du débiteur prouvée, la résolution ne devra pas pour cela être forcément prononcée. La jurisprudence admet encore ici le large pouvoir d'appréciation des tribunaux (4). Ils devront rechercher, en s'inspirant des circonstances de la cause, si le préjudice que subit le créancier par suite du retard de son débiteur est assez important pour susciter la résolu-

(1) Paris, 5 février 1874, D. P. 77-2-118.

(2) Req. 8 juin 1875, D. P. 75-1-420.

(3) Cass. 23 février 1858, D. P. 58-1-392; Rennes, 10 décembre 1875, D. A. supplément V° vente n° 321 2°; Cass. 8 mars 1881, D. P. 81-1-198.

(4) Civ. 15 avril 1845, D. P. 45-1-411; Lyon 8 juin 1855, D. P. 55-2-467; Rouen, 23 mai 1871, D. P. 73-2-203; Paris, 6 novembre 1874, D. P. 77-2-11; Cass. 20 octobre 1886, D. P. 87-1-87.

tion du contrat. Dans le cas contraire, s'ils le jugent convenable, la loi leur permet d'accorder un délai au débiteur pour qu'il puisse s'exécuter.

III. — *La résolution édictée par l'article 1184 Code civil est-elle possible lorsque c'est un cas fortuit qui a empêché l'exécution de l'obligation du débiteur?*

Certains auteurs ont répondu affirmativement car, d'après eux, l'article 1184 Code civil ne distingue pas suivant les causes d'inexécution (1). Pour résoudre la question, il est, croyons-nous, nécessaire de faire une distinction (2) : l'inexécution peut, ou bien être définitivement devenue impossible, ou bien n'être que retardée par un cas fortuit.

L'exécution sera devenue impossible d'une façon définitive, lorsque, par exemple, le débiteur d'une obligation de faire se trouvera désormais dans l'impossibilité d'effectuer la prestation promise : c'est un peintre qui devait exécuter un tableau et qui a perdu les deux bras dans un accident. En pareil cas, l'obligation du débiteur se trouvant éteinte, celle du créancier se trouve désormais sans équivalent et doit disparaître C'est ce que décide la jurisprudence, quoique partant d'un

(1) Laurent, *op. citat.*, XVII, n° 134 et suiv. ; Aubry et Rau, *op. citat.*, IV, p. 83 ; Larombière, *op. citat*, III (art. 1184, n° 6) ; Demolombe, *op. citat.*, II n° 497 ; Huc, *op. citat.*, VII, n° 270.

(2) En ce sens voy. : Baudry-Lacantinerie et Barde ; *op. citat*, II, n° 914.

point de vue différent. D'après elle, l'obligation du créancier étant sans cause, lorsque celle du débiteur ne peut plus être exécutée par suite d'un cas fortuit, elle doit disparaître. Aucun texte du Code ne le disant expressément, la jurisprudence, faute de mieux, applique l'article 1184 à notre hypothèse (1). Cette application nous paraît complètement déplacée ici, car il s'agit d'une question de risques et non d'une question de résolution. En partant d'ailleurs du principe de la jurisprudence qui admet l'existence d'un rapport de causalité entre les deux obligations, nous avons déjà vu que l'on aboutit à une nullité absolue du contrat pour défaut de cause et non à sa résolution : le juge n'a rien à faire dans notre hypothèse, puisque l'obligation du créancier s'éteint de plein droit. Donc en matière d'inexécution totale et fortuite, de l'obligation du débiteur, il ne saurait être question d'appliquer notre article 1184, et l'on doit chercher la solution de la question dans les principes posés en matière de risques.

Reste l'hypothèse où le cas fortuit retarde seulement l'exécution de l'obligation du débiteur : c'est par exemple le cas d'un peintre qui, s'étant foulé les deux poignets dans un accident, se trouve dans l'impossibilité momentanée d'exécuter le tableau promis.

Certains auteurs, parmi lesquels M. Labbé (2), ont

(1) Pau, 30 mars 1833, S. 33-2-551 ; Civ. rej., 3 août 1875, D. P. 75-1-409 ; Civ. rej., 20 mars 1877, D. P. 77-1-379 ; Req., 3 avril 1878 S 79-1-200 ; Civ, rej., 14 avril 1891, S. 94-1-391 ; Req.. 19 octobre 1897, D. P. 97-1-576.

(2) *Nouvelle Revue historique*. XII° année. 1888, p. 378 et suiv.

essayé de soutenir que la question de savoir si, en pareil cas, la résolution devait être prononcée, était liée à celle des risques. Si, d'après eux, on admet que c'est le créancier qui, en cette qualité, supporte les risques, il faut décider qu'il ne pourra demander la résolution pour retard fortuit d'exécution. Admet-on, au contraire que la « res perit domino », c'est-à-dire, comme ils l'entendent, que le créancier n'a entendu supporter les risques que du jour où il serait devenu propriétaire, le débiteur en ayant jusque-là la charge, la résolution est possible même pour retard fortuit d'exécution. A l'appui de leur opinion, ces auteurs citent des exemples. En droit romain, tout d'abord, la théorie des risques, en matière d'échange, était dominée par la règle « res perit creditori (1) », mais dans cette même matière, la « condictio ob rem dati re non secuta », origine de notre action en résolution, n'était donnée que s'il y avait faute du débiteur (2). En droit français, au contraire, on est à peu près d'accord pour admettre la maxime « res perit domino » en matière de risques ; mais, en revanche, il faut décider avec la jurisprudence que la résolution est possible quelle que soit la cause de l'inexécution.

On pourrait objecter à une pareille théorie, que la solution des risques en matière d'échange en droit Romain, était exceptionnelle ; que la « condictio ob rem dati re non secuta » est plutôt une « condictio » basée

(1) Loi 5, § 1, Dig. liv. XIX, tit. V.
(2) Loi 10, Code, liv. IV, tit. VI.

sur l'enrichissement sans cause, qu'une action en résolution ; que, en droit français, si nous admettons, il est vrai, que notre article 1138 Code civil soit dominé par la maxime « res perit domino », il n'est pas du tout sûr que notre article 1184 Code civil ait une portée d'application aussi générale que celle que lui prête la jurisprudence, puisque justement c'est là ce que nous sommes en train de rechercher. Mais l'opinion soutenue par M. Labbé nous semble pouvoir être repoussée sur le terrain même des principes. Dire, en effet, que les risques sont pour le débiteur, c'est accorder au créancier, en cas de retard fortuit, dans l'exécution de l'obligation du débiteur, le droit de faire diminuer sa propre obligation proportionnellement au préjudice subi et non celui de demander la résolution : il faudrait, pour qu'il le pût, qu'il prouvât que le retard équivaut pour lui à l'inexécution complète. D'un autre côté, décider que les risques sont pour le créancier, ce n'est pas l'empêcher de demander la résolution pour cause de retard fortuit, car, le contrat résolu, il n'en supporte pas moins le préjudice que lui a occasionné ce retard (1). Donc, malgré l'opinion que nous avons exposé, notre question reste entière, et d'ailleurs l'eussions-nous adoptée qu'il nous eût fallu chercher une solution pour les obligations de faire, la théorie de M. Labbé ne se rapportant qu'aux obligations de donner. Nous devons donc es-

(1) Saleilles, *op. citat.*, n° 197. Voy. aussi : Baudry-Lacantinerie et Barde, *op. citat.*, II, n° 914, p. 104, note 2.

sayer de résoudre la question posée plus haut d'après les seuls principes de l'article 1184 Code civil, et nous croyons que, soit d'après ses origines, soit d'après son texte, il n'est guère possible de prononcer la résolution d'un contrat en cas de retard fortuit dans l'exécution de l'obligation du débiteur.

Nous avons vu que notre article 1184 C. civ. n'était autre chose que l'ancienne condition résolutoire que les parties avaient l'habitude d'insérer dans leurs conventions synallagmatiques, et que les Parlements finirent par y sous-entendre. Cette condition résolutoire de notre ancien droit n'était autre, elle-même, que la *lex commissoria* des Romains. Or cette *lex commissoria* est de même nature que la clause pénale : elles avaient toutes les deux le même but, assurer l'exécution du contrat dans lequel elles étaient insérées ; elles eurent le même développement, elles durent avoir le même caractère, c'est-à-dire le caractère pénal. Cela semble résulter d'un texte du Digeste, qui paraît exiger la faute du débiteur pour que la condition résolutoire de la *lex commissoria* fût considérée comme accomplie (1). Cette *lex commissoria*, passant dans notre ancien droit, dut y conserver le même caractère. Nous la trouvons toujours accouplée dans les écrits de nos anciens jurisconsultes avec la clause pénale, et Domat même la qualifie de « peine du vendeur qui manque de délivrer (2). » Si, dans le droit romain et

(1) Lois 6 et 8, Dig., liv. XVIII, tit. III.
(2) Lois civiles, liv. I, tit. II, sect. II, n° 19.

dans notre ancien droit, le pacte commissoire a un caractère pénal, comment supposer que notre article 1184 C. civ., qui, présumant l'intention des parties, n'a fait que le sous-entendre dans tous les contrats synallagmatiques, ne lui a pas conservé ce même caractère ?

Cela résulte, d'ailleurs, clairement de son texte. Tout d'abord, au lieu de dire simplement que la résolution pourra être demandée, « si une obligation n'est pas exécutée », il dit qu'elle pourra l'être « pour le cas où l'une des parties ne satisferait pas à son engagement », ce qui semble bien signifier que le législateur a exigé le fait, c'est-à-dire la faute de la partie contre qui la résolution est demandée. Enfin, dans notre droit, à la différence du droit allemand, la résolution, avons-nous vu, est toujours prononcée avec dommages-intérêts ; comment comprendre ces dommages-intérêts sans la faute du débiteur ? L'article 1184 C. civ., donc, exigeant une faute de la part de la partie qui n'exécute pas son obligation, si le retard du débiteur provient d'un cas fortuit, la résolution ne saurait être prononcée (1).

Il est donc important de se demander dans quels cas on pourra dire qu'il y a cas fortuit ou force majeure. Ulpien, au Digeste, définit les cas fortuits : « *fortuitos casus quos nullum humanum consilium*

(1) En ce sens v. : Baudry-Lacantinerie et Barde, *op. citat.*, II, n° 914.

*providere potest* » (1), et la force majeure : « *omnem vim cui resisti non potest* » (2). La jurisprudence admet les mêmes définitions encore aujourd'hui, puisque, d'après elle, il n'y a cas fortuit ou force majeure que lorsqu'il s'agit d'un événement indépendant de la volonté humaine et que cette volonté n'a pu ni prévoir, ni empêcher (3). D'ailleurs, les juges jouissent d'un très large pouvoir d'appréciation (4), bien que la Cour de cassation s'arroge le droit de vérifier si les éléments de fait de la cause sont bien de nature à entraîner les conséquences légales qui dérivent du cas fortuit ou de la force majeure (5) ; c'est ainsi qu'elle a refusé de voir un cas fortuit, susceptible d'éviter la résolution du contrat, dans un événement ayant rendu simplement l'exécution de l'obligation de l'une des parties, fort onéreuse pour elle (6). Toutefois, d'une façon générale, on peut dire que la question ne soulève aucune difficulté ; mais il est certains événements, comme la grève par exemple, pour lesquels elle reste encore entière. Lorsqu'on se demande, en effet, si la grève constitue un cas fortuit ou une force majeure

(1) Loi 2, § 8, Dig., *De admin. rer. ad civit. pertin.*, liv. VIII.
(2) Loi 15, § 2, Dig., *Locati*, liv. XIX.
(3) Cass., 7 août 1890, D P. 91-1-43.
(4) Cass., 14 mai 1872, S. 73-1-224 ; Cass., 13 janvier 1874, S. 75-1-351 ; Cass., 24 mars 1874, S. 74-1-428 ; Cass., 19 août 1874, S. 75-1-24 ; Cass., 22 octobre 1895, S. 99-1-455.
(5) Cass., 18 avril 1883, S. 83-1-361.
(6) Cass., 19 novembre 1872, S. 72-1-134 ; Cass., 27 janvier 1875, S. 75-1-367.

susceptible de libérer le débiteur de son obligation qu'elle rend impossible, ou tout au moins capable d'éviter la résolution du contrat, on admet, en général, soit en doctrine, soit en jurisprudence, qu'il y a là une question de fait qui doit être laissée à l'appréciation des tribunaux, ce qui n'est pas résoudre la question. Or, les grèves tendant à devenir un véritable « mal chronique » de l'industrie, ainsi que le donne à craindre leur fréquence dans ces dernières années, nous croyons qu'il est indispensable de dégager une règle générale qui présentera le double avantage de fournir aux magistrats une direction plus ferme et moins élastique que l'arbitraire des faits, et de permettre aux plaideurs d'échapper à la discrétion des tribunaux, malheureusement trop à redouter dans une matière abandonnée complètement à leur appréciation. Pour cela, nous croyons utile de distinguer soigneusement les obligations de donner de celles de faire, car, selon nous, la solution de notre question doit différer pour les deux (1).

Prenons donc, d'abord, le cas d'une obligation de donner, d'une vente par exemple, et, supposant que le vendeur ne puisse exécuter son obligation au jour fixé pour la délivrance, demandons-nous s'il pourra, en invoquant l'excuse d'une grève qui a subitement éclaté dans ses ateliers, éviter la résolution du contrat. Nous ne le croyons pas, et voici pour quelles raisons. Lors

(1) Voy. *Annales de droit commercial*, 1875, pp. 151-156.

de la formation du contrat, l'acheteur n'a eu en vue qu'une seule chose : le fait de la livraison de la marchandise à l'échéance. Il n'est pas entré dans le détail de la fabrication. Que lui importait que les objets qu'il achetait fussent fabriqués dans les ateliers du vendeur ou dans ceux d'un autre, ou même que son vendeur ne fût qu'un simple intermédiaire? Si, donc, au jour fixé, le vendeur, ne pouvant effectuer la délivrance, invoque pour s'excuser la grève de ses ouvriers, l'acheteur sera en droit de lui répondre : peu m'importe, fournissez-vous ailleurs Mais il peut arriver, et c'est le cas qui se présentera le plus souvent, que la grève soit générale et s'étende à toutes les usines d'une même industrie, ou tout au moins à celles d'une même région ; il peut se faire encore que les marchandises vendues soient d'une marque déposée, fabriquée par le vendeur seul, dans ces deux hypothèses il ne saurait se fournir chez un autre; mais l'acheteur n'en repoussera pas moins son excuse, en lui disant : vous n'avez qu'à me fournir en prenant du stock de marchandises que vous devez avoir, si, vous ne l'avez pas, vous avez commis une grave imprudence, car vous auriez dû prévoir la grève, vous devez donc en supporter aujourd'hui les conséquences. C'est ainsi que décide la jurisprudence dans une espèce de ce genre : il s'agissait d'un fabricant de briquettes, qui, ne pouvant livrer à l'échéance celles qu'il avait vendues, invoquait comme excuse une grève générale qui avait éclaté dans les houillères de la région. Le Tribunal de Bruxelles a décidé, avec beaucoup de raison, qu'en pareil cas, le vendeur était en faute de ne pas s'être fourni à l'avance de charbon en quantité suffisante pour faire face à ses engagements, et a refusé de voir dans la grève des houillères où il se servait, une excuse susceptible de lui éviter les suites de l'inexécution de son obligation (1).

Un acheteur de choses fongibles a toujours le droit d'exiger l'exécution du marché à l'échéance. Le vendeur ne serait pas libéré par la fermeture des ports d'exportation du produit vendu (2), ni par l'incendie de son usine, ni par l'accaparement des matières premières, etc..., nous ne voyons aucune bonne raison de décider autrement lorsque c'est une grève de ses ouvriers qui l'empêche de livrer, à moins, toutefois, qu'il n'ait été expressément convenu entre les parties que les marchandises faisant l'objet de la vente seraient fabriquées dans les ateliers du vendeur. En pareille hypothèse l'obligation de donner se double d'une obligation de faire, et alors la solution de notre question n'est plus la même, comme nous allons le voir.

Lorsqu'il s'agira d'une obligation de faire que le débiteur n'aura pu exécuter au jour fixé, par suite d'une grève, nous croyons que la résolution ne devra être prononcée qu'autant que le tribunal jugera que la grève invoquée comme excuse n'entre pas dans les termes de

(1) Bruxelles, 20 janvier 1890, D. P. 91-3-24 ; Hazebrouck, 18 janvier 1890, S. 95-2-108.

(2) Trib. de Marseille, 22 août 1847. Jurisp. de Marseille, 26-1-140.

la définition du cas fortuit ou de la force majeure. Il en sera tout au moins ainsi lorsqu'elle aura été provoquée directement ou indirectement par le patron, en prenant certaines mesures qu'il savait devoir l'entraîner; mais lorsque, ce qui arrivera d'ailleurs le plus souvent, la grève aura été suscitée pour des motifs auxquels le patron ne pouvait donner satisfaction, par exemple si le mauvais vouloir de certains ouvriers empêche les autres de reprendre le travail, en pareil cas, elle constituera un véritable cas fortuit, car elle ne pouvait ni être prévue ni être empêchée par le débiteur (1).

Les tribunaux devront donc avant tout déterminer rigoureusement la nature exacte de l'obligation inexécutée par suite d'une grève. Si c'est une obligation de donner, ils pourront prononcer la résolution; mais s'il s'agit, au contraire, d'une obligation de faire ou d'une obligation de donner, doublée d'une obligation de faire, ils ne devront la prononcer que tout autant qu'ils auront reconnu, d'après les circonstances diverses qui l'ont accompagnée, que la grève invoquée comme excuse

(1) C'est ce qu'a décidé la Cour de Rennes dans une espèce de ce genre. Il s'agissait d'un entrepreneur qui s'était engagé à effectuer le débarquement d'un navire à une époque déterminée et qui n'avait pu exécuter son obligation à cause d'une grève ayant éclaté subitement parmi les ouvriers du port. La Cour de Rennes a décidé que la grève ne pouvant être prévue au moment où l'entrepreneur traitait avec le propriétaire de la cargaison du navire, et n'ayant pu, encore moins, être empêchée, constituait un véritable cas fortuit, et qu'en conséquence l'entrepreneur ne devait pas être condamnée à des dommages-intérêts pour retard dans l'exécution de son obligation (Rennes, 28 juin 1894, D. P. 95-2-214).

ne rentre pas dans les termes de la définition que donne l'article 1147 Code civil *in fine*, c'est-à-dire ne constitue pas un cas fortuit.

APPENDICE. — *Du remplacement et du laisser pour compte.*

Pour être complet, nous devons dire un mot de deux pratiques qui, en matière commerciale, concourent au même but que la résolution édictée par l'article 1184 du Code civil : permettre au créancier de sortir des liens de l'obligation, lorsque son débiteur n'exécute pas ou n'exécute qu'incomplètement la prestation promise. Nous voulons parler du remplacement et du laisser pour compte.

En cas de vente à terme, si, au jour fixé pour la livraison, le vendeur ne l'effectue pas, l'acheteur, avons-nous vu, peut demander soit l'exécution en nature, lorsqu'elle est encore possible, soit la résolution du contrat. Si ce dernier a pour objet un corps certain, l'acheteur pourra demander au juge d'ordonner sa mise en possession « manu militari », mais pareille chose n'est plus possible, lorsque ce sont des choses fongibles qui ont été vendues. Dans cette dernière hypothèse, la jurisprudence et la majorité des auteurs s'accordent à reconnaître à l'acheteur le droit de « se remplacer » (1). Il

(1) Bordeaux 12 janvier 1837, sous Douai 2 février 1892, D. P. 92-2-181 ; Req. 6 janvier 1869, D. P. 69-1-207 ; voy. aussi Marseille 24 avril 1857, Jur. de Marseille, 35-1-140 — Lyon, Caen et Renault,

pourra se procurer ailleurs les marchandises qu'il avait achetées et dont il a besoin, à condition, toutefois, d'avoir mis préalablement son vendeur en demeure (1). Il est vrai que cette condition n'est pas bien rigoureuse, puisque la jurisprudence, avons-nous vu, admet qu'en matière commerciale la mise en demeure peut résulter d'une lettre missive conçue en termes assez énergiques pour ne laisser aucun doute sur les intentions de l'expéditeur. Il peut se faire que les marchandises, faisant l'objet de la vente, aient augmenté de prix depuis ; si l'acheteur les avait lui-même revendues à terme, il ne faut pas que la faute de son vendeur lui préjudicie: il aura donc droit de lui demander la différence entre le prix de la vente et le cours des mêmes marchandises au jour du remplacement (2) : car le vendeur lui doit le remboursement intégral de tout ce qu'il lui en coûté pour se remplacer. Le Tribunal de commerce de Marseille, après avoir admis cette solution dans un jugement du 18 janvier 1839 (3), crut devoir changer d'opinion et admit dans un autre jugement du 11 décembre 1840 que les dommages-intérêts dus par le vendeur à l'acheteur devaient être égaux à la différence entre le prix de la vente le cours au jour primitivement fixé pour la livraison. Pareille décision eût été légitime si le jugement eût

*Traité de droit commercial*, III, n° 109 ; Boistel, *Précis de droit commercial*, n° 455 ; Delamarre et Le Poitevin, *Traité de droit commercial*, IV, n$^{os}$ 275-276.

(1) Douai, 2 février 1892, précité.

(2) Req. 6 janvier 1869, D. P. 69-1-207.

(3) Jur. de Marseille, 18-1-96.

prononcé la résolution du contrat; mais du moment que l'acheteur préférait se remplacer, il eût pu de cette façon subir un préjudice si les cours avaient encore augmenté depuis le moment fixé pour la livraison jusqu'au jour du remplacement ; ce n'eut été ni juridique ni équitable; aussi la Cour d'Aix, appelée à se prononcer sur notre espèce, réforma le jugement du tribunal de commerce de Marseille et décida que les dommages-intérêts dus par le vendeur devaient être égaux à la différence entre le prix de vente et le cours au jour du remplacement (1).

On s'accorde à reconnaître le même droit de « se remplacer au vendeur. Il peut fort bien arriver que, le jour fixé pour la livraison étant arrivé, si l'acheteur ne retire pas les marchandises vendues, le vendeur subisse un grave préjudice, s'il est obligé de les conserver encore quelque temps. Ce peut être, en effet, un manufacturier qui a besoin de ses entrepôts pour loger les marchandises qu'il fabrique. Il est vrai qu'il a toujours la ressource de demander aux tribunaux de le dégager de ses obligations en prononçant la résolution du contrat; mais un procès est toujours long et il peut fort bien arriver qu'il soit obligé d'arrêter sa fabrication, n'ayant plus de place pour emmagasiner ses produits. Il en subira un grave préjudice, et plutôt que de lui fournir après coup le moyen de le réparer, en lui accordant une action en dommages-intérêts contre son acheteur qui, d'ailleurs, peut être insolvable, les usages

(1) Aix, 13 mai 1841, Jur. de Marseille, 20-1-83.

commerciaux lui procurent le moyen de l'éviter en lui reconnaissant le droit de « se remplacer (1). » Il pourra vendre à un tiers les marchandises que son acheteur primitif n'aura pas retirées au jour fixé par le contrat, puis il lui réclamera, sous forme d'indemnité, la différence entre le prix de vente et le cours de la marchandise au jour du remplacement, si celui-ci est inférieur. Si, par hasard, la marchandise avait augmenté de valeur depuis la vente, faudrait-il accorder une action à l'acheteur pour obtenir la différence ? Nous ne le croyons pas, car il serait trop injuste de lui permettre de profiter des conséquences de sa faute, puisque c'est à cause de son retard que le vendeur a revendu plus cher les mêmes marchandises.

En matière de contrat de transport, la jurisprudence et la doctrine admettent que le réceptionnaire pourra laisser la marchandise transportée pour le compte du commissionnaire de transport, si, par la faute de celui-ci, elle a subi des avaries ou s'il y a eu retard dans la livraison (2). La propriété de la chose laissée pour compte se trouve ainsi lui être imposée comme réparation du dommage, à charge pour lui d'en payer au réceptionnaire l'entière valeur (3).

Pourtant la jurisprudence n'admet le « laissé pour

(1) Lyon Caen et Renault, *Précis de droit commercial*, I, § 647.

(2) Civ. rej. 3 août 1835, S. 35-1-817 ; Rennes 19 mars 1850, S. 51-2-161. Baudry-Lacantinerie et Barde, *op. citat.*, I n° 449 ; Delamarre et Le Poitevin, *Commission*, II, n° 225.

(3) Aubry et Rau, *op. citat.*, IV, p. 108.

compte » que si les avaries ont rendu la marchandise impropre au commerce, alors même que la détérioration subie serait inférieure aux trois quarts ; dans le cas contraire, l'acheteur devrait se contenter d'une simple indemnité (1). De même, en cas de retard, il n'y a lieu à « laissé pour compte », toujours d'après la jurisprudence, que tout autant que le retard apporté dans la livraison a rendu le débit de la marchandise impossible dans le lieu où elle a été expédiée, ce qui arrivera, par exemple, lorsqu'il s'agira d'un objet dont la mode aura déjà passé ou qui devait être vendu dans une foire terminée depuis longtemps (2). Mais le destinataire devrait se contenter d'une indemnité s'il était démontré que l'arrivée tardive des marchandises ne l'a pas empêché de satisfaire aux commandes déjà reçues et qu'il était assez bien approvisionné pour faire face aux exigences de sa clientèle pendant quelques jours (3).

Cette solution s'explique, d'ailleurs, à merveille, car, que peut demander l'acheteur ? retirer du contrat tous les avantages qu'il pouvait en espérer ; pour cela des dommages-intérêts seront largement suffisants, lorsque, malgré le retard apporté dans la livraison de la marchandise, il pourra trouver encore le moyen de

(1) Rennes, 19 mars 1850, précité ; Bordeaux, 18 mai 1892, S. 94-2-279 ; Bordeaux, 9 décembre 1896, Pand. Franç. 97-2-239.

(2) Pau, 25 février 1813, S. chr. ; Paris, 11 juillet 1835, S. 35-2-489. Douai, 24 juin 1837. S. 38-2-60 ; Colmar, 8 avril 1857, S. 57-2-571 ; Aix, 21 août 1871, D.P. 72-2-182.

(3) Poitiers, 30 octobre 1893, S. 94-2-279.

l'écouler. A quoi bon alors augmenter à plaisir la punition infligée au commissionnaire de transport, en l'obligeant à se charger de marchandises qui, peut-être, ne sauraient être vendues que par un commerçant et dans des magasins spéciaux, ou qui, vendues par un tiers quelconque, occasionneraient de grands frais qui augmenteraient d'autant le prix auquel il s'en serait chargé !

## CHAPITRE III

### EFFETS DE LA FAILLITE SUR L'EXCEPTION *NON ADIMPLETI CONTRACTUS* ET SUR LA RÉSOLUTION

En temps normal, les protections accordées aux parties ayant fait un contrat synallagmatique ne sont que fort justes. Ces protections, exception *non adimpleti contractus* et résolution, sont, en effet, nécessaires, elles sont même, peut-on dire, de la nature du contrat synallagmatique. Comme nous l'avons vu, il est impossible d'admettre que l'une des parties puisse être obligée de prester alors que l'autre n'accomplit point sa prestation, et, comme on ne pouvait laisser indéfiniment la première dans cet état d'expectative et de défense, la résolution s'imposait au même titre que l'exception *non adimpleti contractus*. Mais si nous nous plaçons maintenant dans l'hypothèse où l'une des parties est devenue insolvable, ces mêmes garanties accordées à l'autre ne sont-elles pas exorbitantes?

Une personne étant hors d'état de payer ses dettes,

son patrimoine tout entier devient le gage de ses créanciers qui vont se le partager. Les privilégiés et hypothécaires mis à part, puisqu'on ne peut leur enlever les garanties qu'ils ont eu la prudence de se réserver, parmi tous les créanciers chirographaires ne sera-t-il pas injuste de voir ceux qui tiennent leur droit d'un contrat synallagmatique, dans une position meilleure que ceux qui tiennent le leur d'un contrat unilatéral ?

En matière de déconfiture, notre question n'est pas résolue ; à cela rien d'étonnant, puisque dans notre droit la déconfiture est, peut-on dire, « une matière inorganisée » (1). Les créanciers y sont payés au fur et à mesure qu'ils se présentent, les plus rapprochés sont les plus favorisés : qu'importe alors que ceux qui tiennent leur droit d'un contrat synallagmatique soient préférés à ceux qui le tiennent d'un contrat unilatéral ? Mais, en matière de faillite, la situation change. Ici tout est combiné pour obtenir la plus grande égalité entre les créanciers. Il ne faut pas que ceux qui sont éloignés souffrent de leur éloignement : tous font partie de la masse, tous viendront au même titre se partager les biens du failli. Certains mêmes, comme le vendeur d'effets mobiliers, perdent une partie des avantages que leur accorde le droit commun. Rien d'étonnant alors à ce

(1) Pochet, *Effets du jugement déclaratif de faillite sur les contrats synallagmatiques*, p. 15 et suiv.

qu'on se soit demandé quel est le sort qui devait être réservé à ces deux garanties qui peuvent paraître, ici, exorbitantes et que la loi accorde aux parties ayant fait un contrat synallagmatique. Doit-on les supprimer ou doit-on au contraire appliquer le droit commun en cas de faillite ?

Pour l'exception *non adimpleti contractus*, la question est tranchée par le Code de commerce lui-même. Son article 576 décide, en effet, que le vendeur qui n'a pas livré peut garder les marchandises en cas de faillite de l'acheteur. Il n'y a là rien de choquant, car, les marchandises n'ayant jamais figuré dans les magasins du failli, on ne peut pas dire que c'est à raison de leur valeur qu'il a obtenu crédit. Pour la même raison, la loi, allant plus loin, permet au vendeur, ayant expédié les marchandises vendues au failli, de les reprendre, à la condition, pourtant, qu'elles ne soient pas encore arrivées dans les magasins du destinataire : c'est ce que l'on nomme parfois le « *stoppage in transitu* » (1). Mais, s'il est juste de permettre ainsi au vendeur d'éviter une très grande perte, en ne l'obligeant pas à livrer les marchandises vendues et à produire à la faillite pour le prix, d'un autre côté il serait dur de le forcer à rester longtemps dans cette position d'attente, si le syndic ne veut pas, usant de la faculté que lui accorde l'art. 578 C. com., l'obliger à livrer en lui payant intégralement le prix. Jusques à

(1) Pochet, *op. citat.*, p. 30.

quand le vendeur sera-t-il obligé d'attendre la décision du syndic? Ne pourra-t-il, s'il le préfère, demander la résolution du contrat? On comprend toute l'importance de la question, surtout s'il s'agit de marchandises susceptibles de se détériorer ou dont le cours est excessivement variable. Il pourra fort bien arriver que le vendeur ne puisse plus tard les revendre, ou tout au moins qu'il ne puisse le faire qu'à un prix tout à fait minime : on en arriverait dans ces conditions à lui faire une situation très mauvaise pour avoir voulu lui en faire une trop favorisée. Ne peut-on, donc, l'autoriser à demander la résoltion du contrat, conformément aux articles 1184 et 1654 du Code civil, et à produire à la faillite pour des dommages-intérêts? Grosse question sur la solution de laquelle la jurisprudence est loin d'être fixée.

Plusieurs tribunaux de commerce, ayant eu à se prononcer sur notre espèce, ont nettement refusé au vendeur le droit de demander la résolution avec dommages-intérêts. Certains l'autorisent à demander la résolution, mais lui refusent le droit de produire pour des dommages-intérêts : on peut dire que c'est là l'opinion de la plupart des Cours d'appel et de la Cour de cassation (1). La faillite, dit-on, est dominée par l'idée

(1) Paris, 7 juillet 1865, Bull. Cour de Paris, 1865, p. 844; Aix, 8 mai 1867, confirmant un jugement du tribunal de commerce de Marseille, Jur de Marseille 68-1-31; trib. comm. Nantes, 3 avril 1867, Jur. de Marseille, 68-2-42; Paris, 3 août 1871, Bull. Cour de Paris, 1871, p. 572 : Paris 14 août 1871, Jur. des trib. de com., 1872,

d'égalité. Dans certaines circonstances, la loi, par raison d'équité, a pu s'écarter de cette règle fondamentale; mais, sous prétexte de rentrer dans le droit commun, l'interprète ne doit pas étendre au delà de leur portée ces dispositions d'exception. Ainsi, pour le vendeur d'effets mobiliers, son sort est réglé par certains articles du Code de commerce : la loi s'y est montrée fort équitable en ne l'obligeant pas à livrer les objets vendus, ce qui eût augmenté d'autant l'actif de la faillite, et à produire dans la masse pour le prix Mais si l'article 577 Code de commerce l'autorise à retenir les objets vendus, il ne faut pas en conclure qu'il puisse, après, les avoir revendus « la vente étant comme résolue », produire à la faillite pour des dommages-intérêts. C'est en vain, dit-on, que l'on invoque les articles 1184 et 1654 du Code civil, ces articles peuvent bien être invoqués par un vendeur dans ses rapports avec son acheteur, mais ici, la situation n'est plus la même, elle a changé : le vendeur ne se trouve plus en présence de son acheteur, ce dernier tombé en faillite a été remplacé par tous ses créanciers qui, comme le vendeur, *certant de damno vitando* et qui, comme lui, ont à se plaindre d'un préjudice que leur causent la faillite et l'inaccomplissement des obligations de leur débiteur (1).

p. 410; trib. de com. Marseille, 25 juillet 1881, Jur. de Marseille, 81-1-242; Cass. 16 février 1887, S. 87-1-145; Amiens, 7 juillet 1887, S. 88-2-76; Cass. 8 avril 1895, S. 95-1-268.

(1) Motifs de l'arrêt de Cassation du 16 février 1887, précité.

Ainsi raisonne la Cour de cassation, dans son arrêt précité du 16 février 1887; mais, comme le fait très justement observer M. Labbé (1), en vertu de quelle disposition déclare-t-elle le contrat « comme résolu » ? Certainement ce n'est pas en vertu des articles 576 ou 577 du Code de commerce qui permettent bien au vendeur de retenir la marchandise vendue, mais qui ne lui accordent pas le droit de demander la résolution. Ce ne peut être alors qu'en vertu de l'article 1184 du Code civil; mais, si nous revenons au droit commun, pourquoi ne l'appliquerions-nous pas complètement et pourquoi n'admettrions-nous pas la possibilité pour le créancier de produire pour des dommages-intérêts ? On nous objecte (2) que ce droit aux dommages-intérêts n'existe pas, puisque, nous dit-on, dans le cas de l'article 576 Code de commerce, la loi le refuse tacitement ; mais dans ce cas le refus de la loi est parfaitement explicable. En effet, d'après l'article 100 du Code de commerce, les marchandises en cours de route sont présumées être dans les magasins de l'acheteur ; la loi fait donc exception à cette disposition au profit du vendeur d'effets mobiliers, il est juste qu'en retour il rende la faillite indemne de toutes les sommes qu'elle avait déboursées (3). On nous dit encore que nous violons l'égalité, mais nous ne voyons pas en quoi, puisque le créancier ne demande

(1) Note au Sirey 87-1-145.

(2) Motifs de la Cour d'Amiens du 7 juillet 1887, précité.

(3) Thaller, *Traité élémentaire de Droit commercial*, n° 1733.

à produire que pour la différence entre le véritable prix du contrat et celui auquel il a été forcé de revendre. Au contraire, notre solution est très équitable. Du moment, en effet, que le syndic peut demander l'exécution du marché, ce qu'il ne manquera pas de faire s'il y trouve son profit, c'est-à-dire si les cours de la marchandise vendue ont haussé, pourquoi faire, dans le cas contraire, une situation plus mauvaise au vendeur, en ne lui permettant pas de rentrer dans ce qui lui revient au moyen de dommages-intérêts.

Malgré les excellentes raisons invoquées par la doctrine (1) en faveur de l'application du droit commun, la jurisprudence, sauf de très rares exceptions (2), refuse au vendeur de marchandises le droit de produire à la faillite de son acheteur pour des dommages-intérêts.

Que décider pour tous les autres créanciers qui tiennent aussi leur droit d'un contrat synallagmatique ? (3) Il est permis d'hésiter sur le choix entre les systèmes variés qui se présentent à l'esprit (4). On comprendrait, tout d'abord, que la loi eût déclaré tous

(1) Esnault, *Traité des faillites*, III, p. 671-672 ; Lyon Caen et Renault, *op. citat.*, VIII, n° 861 ; Thaller, *op. citat.*, n° 1728 et suiv. ; Labbé, notes au Sirey 87-1-145, 87-2-25 et 90-4-1.

(2) Paris, 4 mars 1885, S. 87-2-25 ; Cass. Belge, 7 février 1889, S. 90-4-1.

(3) Certaines législations étrangères renferment à cet égard des dispositions générales. Voy. : loi allemande sur la faillite de 1877 (art. 15 à 21) ; loi autrichienne (art. 22) ; loi hongroise (art. 15-21) ; loi anglaise (art. 55, § 5).

(4) Pochet, *op. citat.*, p. 112 et suiv.

les contrats synallagmatiques résolus par le seul effet de la faillite, à condition qu'ils n'aient pas été exécutés ou, s'ils l'avaient été partiellement, pour la partie non exécutée (1). Les parties de cette façon étant replacées dans le *statu quo ante*, il n'y eût eu rien à dire. Les créanciers n'auraient pas eu à se plaindre, puisque, le contrat n'ayant pas été exécuté, ce n'est pas sur une apparence trompeuse qu'ils auraient accordé du crédit. Mais avec un pareil système ne pourrait-il y avoir inconvénient pour le créancier en vertu d'un contrat synallagmatique dont le contrat serait ainsi résolu, si l'objet de sa prestation avait changé de valeur ? A celui-ci on répondra, vous subissez un dommage, c'est vrai, mais vous en eussiez subi un bien plus grand si vous aviez été obligé d'exécuter le contrat et si vous n'aviez été payé qu'en monnaie de faillite. Donc vous n'avez pas à vous plaindre. Malheureusement ce premier système ne saurait être adopté, car, au fond, il serait trop préjudiciable au failli et à ses créanciers. Au failli, d'abord, qui du jour au lendemain pourrait se trouver non seulement sans marchandises, mais, chose plus grave, sans logement ; aux créanciers eux-mêmes, ensuite, car ils ont souvent intérêt à ce qu'un concordat intervienne, or dans de pareilles conditions un concordat serait impossible.

(1) La jurisprudence repousse ce premier système. Voy.: Cass. 5 août 1812, S. chr. ; Bourges, 6 août 1831, S. 32-2-348 ; Poitiers, 12 mars 1856, S. 56-2-196 ; Cass. 23 février 1858, S. 58-1-600 ; Douai, 22 mars 1886, S. 88-2-147 ; Cass. 16 février 1887, S. 87-1-115, Cass. 5 août 1889, S. 92-1-492.

On a proposé alors l'application pure et simple du droit commun, en matière de faillite. On a crié aussitôt à l'injustice. Comment a-t-on répondu aux partisans de ce second système, non seulement vous accordez un privilège à celui qui a été partie dans un contrat synallagmatique, en lui permettant de faire résoudre le contrat et de ne pas effectuer sa prestation, mais encore vous voulez lui conférer le droit de produire pour des dommages-intérêts ! C'est impossible, l'injustice serait trop criarde.

On est ainsi amené au troisième et dernier système, celui que consacre la jurisprudence. Celle-ci, en effet, faisant un pas de plus, applique à tous les contrats synallagmatiques la règle de la résolution sans dommages-intérêts (1). Lorsque le failli avait, antérieurement à sa faillite, vendu à un tiers certaines marchandises, si, la vente n'étant pas exécutée, l'acheteur obligé de se procurer les marchandises dont il a besoin les paye plus cher, il n'aura pas le droit de produire pour des dommages-intérêts. De même il peut arriver qu'un commerçant ayant confié certains travaux à un entrepreneur, celui-ci ait fait de grands approvisionnements de matières premières en vue de l'exécution du contrat, si ce dernier par suite de la faillite du commerçant demeure inexécuté,

(1) Trib. com. Chalon-sur-Saône, 22 décembre 1884 *Journ. des Faillites*, 1885, p. 349 ; Amiens, 12 août 1887, *Journ. des Faillites*, 1887, p. 416 ; Paris (6e Ch.), 19 mai 1892, S. 95-2-198 ; Trib. com. Seine, 10 octobre 1895, *Le Droit*, n° du 6 nov. 1895.

l'entrepreneur pourra subir un grave préjudice, peu importe, la jurisprudence lui refuse le droit de produire pour une indemnité.

Sans aller jusqu'à dire que tous les arrêts observent uniformément et de propos délibéré la règle de la résolution sans dommages-intérêts, on peut affirmer que la jurisprudence a une tendance très prononcée à considérer une pareille règle comme un axiome de droit. On soupçonne d'ailleurs facilement à quel sentiment elle cède en agissant ainsi. La faillite a indirectement amené la résolution du contrat en rendant son exécution impossible par le failli ; or, la masse, étant innocente de cet événement, ne doit pas en supporter les conséquences, ce qui ne manquerait pas d'arriver si le créancier pouvait produire pour des dommages-intérêts.

Un pareil raisonnement est faux, car le passif de la faillite doit accueillir toutes les créances qui se sont formées du chef du débiteur au temps où il était *in bonis*, ce qui est le cas de la créance en dommages-intérêts qui a sa source dans le contrat. Nous repoussons donc ici, comme en matière de vente, la théorie de la jurisprudence, et admettons avec la majorité des auteurs (1) que tout créancier, tenant son droit d'un contrat synallagmatique, en cas de faillite de son débiteur, pourra faire résoudre le contrat et produire

(1) Lyon Caen et Renault, *op. citat.*, VIII, n° 888 ; Thaller, *op. citat.*, n° 1734 ; Pochet, *op. citat.*, p. 75.

pour des dommages-intérêts. Alors même que l'on devrait voir dans ce dernier droit un véritable privilège, ce ne serait pas une raison suffisante pour en déterminer la disparition en cas de faillite. Celle-ci, en effet, n'est pas l'ennemie des privilèges ; elle ne les repousse pas *a priori*, au contraire, on peut même dire qu'elle en engendre certains (1). Seulement il faudra appliquer ici la règle générale de la faillite en matière de privilèges, c'est-à-dire que le juge devra examiner avec soin le droit du créancier à des dommages-intérêts et ne le laisser subsister que tout autant qu'il sera bien justifié (2).

Pour conclure, nous croyons qu'il faut admettre en matière de faillite l'application des règles du droit commun sur l'exception *non adimpleti contractus* et sur la résolution, à condition, toutefois, que les demandes soient vérifiées avec soin par le juge comme la loi l'exige pour toute créance privilégiée.

(1) La loi du 4 mars 1889 accorde aux employés un privilège en cas de faillite du patron (art. 549 C. com.).

(2) Pochet, *op. citat.*, p. 17 et suiv.

## CHAPITRE IV

### CESSION D'UNE CRÉANCE NÉE D'UN CONTRAT SYNALLAGMATIQUE

Dans ses articles 1689 et suivants, notre Code civil pose les règles de la cession de créance qu'il soumet à certaines formalités pour qu'elle produise effet à l'égard des tiers.

Tant qu'il ne s'agit que d'une créance née d'un contrat unilatéral, il ne peut y avoir aucune difficulté; mais, si nous nous plaçons dans l'hypothèse d'un contrat synallagmatique, les difficultés surgissent. Nous savons, en effet, que chaque partie dans un contrat synallagmatique joue un double rôle : elle est à la fois titulaire d'une créance et débitrice d'une obligation. Si, donc, un des contractants synallagmatiques veut céder sa créance, il est permis de se demander si une pareille cession est possible, et, en admettant qu'elle le soit, ce qu'il adviendra de la dette corrélative à la créance cédée.

Certains (1), partant d'un point de vue erroné, selon nous, décident qu'une créance, née d'un contrat synallagmatique, ne peut être cédée, car, disent-ils, il

(1) Note sous un arrêt de Cassation du 19 juin 1876, au Sirey 76-1-45.

existe un support très étroit entre la créance et la dette de chaque partie, rapport qui fait que l'une ne se comprend pas sans l'autre. Or notre droit français n'admet pas la cession de dettes, tout au moins sans l'intervention effective du créancier, donc la cession d'une créance née d'un contrat synallagmatique est impossible. Une pareille théorie pèche, avons-nous dit, par sa base, car nous avons démontré que, s'il est vrai de dire qu'entre les deux obligations, naissant d'un contrat synallagmatique, il existe un lien étroit de causalité réciproque au moment de la formation du contrat, ce lien disparaît ensuite, une fois le contrat formé. On peut donc très bien admettre qu'une partie, détachant la créance dont elle est titulaire de l'obligation dont elle est et reste tenue, cède cette créance à un tiers. On ne voit pas pourquoi un vendeur, un bailleur, etc.., tout en restant personnellement tenus de l'obligation de garantie ou de celle de faire jouir le locataire, ne pourraient céder à un tiers leur créance du prix de vente ou de loyer. Ce qui est vrai, c'est qu'il est impossible, dans l'état de notre législation, à une partie dans un contrat synallagmatique, de se substituer un tiers dans la situation que lui a faite le contrat. Comme le dit fort bien Thibaut : « Quand on a un droit mélangé d'obligation, on peut céder son droit mais non son obligation (1). » Une partie dans un contrat synallagmatique pourra donc céder à un tiers la

(1) Voy. : Mühlenbruch, *Traité de la Cession*, § 27.

créance dont elle est titulaire mais non l'obligation dont elle est tenue.

D'après ces principes, il faudrait donc décider que soit en matière de cession de bail, soit en matière de cession de portefeuille, très fréquentes toutes deux en pratique, les cessionnaires du bail ou du portefeuille auront, contre le bailleur ou les assurés, une action directe, mais que ces derniers n'auront, en retour, contre les cessionnaires que l'action oblique de l'article 1166 Code civil. Telle est bien la conclusion à laquelle arrive M. Laurent, qui fait une stricte application des principes (1). Il faut avouer qu'elle est fort rigide et, même, loin d'être conforme à l'intention des parties

Quel est le but que poursuivent le locataire cédant son bail, la compagnie d'assurance cédant son portefeuille? Permettre au cessionnaire de jouir du loyer ou des primes, mais aussi être déchargés à l'avenir de toute obligation. Donc pour être conforme à la volonté des parties, il faudrait accorder au bailleur, d'une part, aux assurés, d'autre part, une action contre le cessionnaire. Est-ce possible ? Voyons l'opinion de la jurisprudence et de la doctrine sur cette matière, et, essayons, s'il y a moyen, de trouver un fondement juridique à cette opinion.

En matière de cession de bail, M. Labbé (2), quoi-

(1) Laurent, *op. citat.*, XXV, n° 211-213.

(2) Labbé, note sous Paris, 29 février 1876, S. 76-2-329. — Cf. *Revue critique*, 1876, p. 666.

que admettant le même point de départ que M. Laurent, intransmissibilité de la dette née d'un contrat synallagmatique, et par conséquent défaut d'action directe du bailleur contre le cessionnaire, arrive, au moyen d'un raisonnement fort subtil, à éviter le concours de ce même bailleur avec les autres créanciers du preneur sur l'action qu'a ce dernier contre le cessionnaire. Si, dit-il, le bailleur poursuit son preneur, celui-ci se retournera contre son cessionnaire ; on peut dire que c'est la poursuite du bailleur qui fait naître le recours du locataire contre le cessionnaire, autrement dit, que le bailleur introduit dans le patrimoine de son locataire un recours contre le cessionnaire. Or il est très juridique, et en même temps conforme à l'esprit qui a guidé le législateur dans la confection du titre consacré aux privilèges et hypothèques, d'accorder au bailleur un privilège sur cette action qu'il introduit ainsi dans le patrimoine de son locataire. M. Labbé en arrive ainsi, tout en refusant au bailleur une action directe contre le cessionnaire, à lui accorder un privilège sur le recours de son locataire et à lui éviter le grave inconvénient du concours avec les autres créanciers de ce même locataire. Comme nous le faisions remarquer plus haut, ce raisonnement est excessivement subtil; aussi ne le discuterons-nous pas, car sa discussion nous entraînerait trop loin, et nous laisserons simplement à M. Labbé la responsabilité de ses assertions.

La jurisprudence (1) et la majorité des auteurs (2) vont plus loin et accordent au bailleur une action directe contre le cessionnaire. Il est très équitable, sans doute, de donner ainsi satisfaction à l'intention des parties, mais il n'en est pas moins très difficile de justifier, au point de vue juridique, une pareille solution. Certains ont essayé de le faire en faisant appel à la théorie de la stipulation pour autrui. Le bailleur, dit-on, en acceptant le cessionnaire comme débiteur, n'a pas entendu libérer le preneur primitif; on peut donc voir dans la cession une stipulation pour autrui tacite qui donne au bailleur un débiteur nouveau. Jusqu'ici, rien à dire, puisque l'intention présumée des parties n'est pas violée, mais là où l'opinion que nous exposons la viole sûrement, c'est dans l'hypothèse de plusieurs cessions successives. En pareil cas, en effet, en appliquant la théorie de la stipulation pour autrui, on en arrive à accorder au bailleur une action directe contre le preneur et contre tous les cessionnaires successifs (3). Or il est bien certain que chaque

(1) Voy. notamment : Cass. 23 mai 1870, S. 70-1-283 ; Cass. 4 novembre 1863, S. 63-1-539 ; Paris, 26 février 1873, Bull. an. Paris, 1873, p. 170 ; Cass., 2 juillet 1873, S. 73-1-323.

(2) Guillouard, *Traité du Louage*, I, n° 340 et suiv. ; Aubry et Rau, *op. citat.*, IV, § 368, p. 493, note 19 ; Demante et Colmet de Santerre, *op. citat.*, VII, n° 201 *bis*, II et III. — En sens contraire : Huc, *Traité théorique et pratique de la cession et de la transmission des créances*, I. — Gaudemet, *Transport de dettes à titre particulier*, p. 400.

(3) Guillouard, *loc. citat.*, n° 347. — Trib. Seine, 21 décembre 1874, D. P. 77-1-57.

cessionnaire, en cédant à son tour son bail, a entendu se libérer à jamais des obligations dont il était tenu. Le bailleur, d'ailleurs, ne pourrait pas se plaindre si on consacrait une pareille prétention, mais comment cela faire, en appliquant à la cession de bail la théorie de la stipulation pour autrui? C'est impossible et telle est bien la conclusion de M. Lambert, qui applique à la cession de bail notre théorie dans toute sa rigueur (1).

La jurisprudence, elle, admet une action directe du bailleur contre le preneur primitif et contre le cessionnaire occupant les lieux, seulement (2). Contre les cessionnaires intermédiaires, elle n'accorde au bailleur que l'action oblique de l'article 1166 C. civ., et encore, pourrait-on dire, ne l'accorde-t-elle qu'à regret. Si l'on cherche à expliquer juridiquement un pareil système, on se heurte à une difficulté qui, semble-t il, est insurmontable. Les arrêts dans leurs motifs en donnent plusieurs explications, mais toutes aussi peu satisfaisantes les unes que les autres, toutes exposées à de nombreuses critiques. Ainsi, certains disent : le cessionnaire n'étant tenu d'obligations envers le bailleur qu'à raison de la jouissance qu'il exerce sur les lieux loués; du moment où cette jouissance cesse

(1) Lambert, *Contrats en faveur d'un tiers*, p. 259.

(2) Cass. rej. 4 novembre 1863. D. P. 64-1-38 : Paris. 29 février 1876, S. 76-2-239; Cass. 19 juin 1876, S. 76-1-465 ; Paris, 2 février 1877, S. 78-2-15; Paris, 11 février 1879, S. 79-2-82 ; Lyon, 30 juin 1887, S. 89-2-181.

par une nouvelle cession, les obligations doivent elles-mêmes disparaître (1). Mais, ne manque-t-on pas d'objecter à un pareil raisonnement, depuis quand, sous l'empire du Code civil, un débiteur peut-il, par l'effet de sa seule volonté, se libérer de sa dette? Il faut avouer que, s'il en était ainsi, les créanciers se trouveraient dans une bien fâcheuse situation. D'autres arrêts déclarent le cessionnaire intermédiaire libéré parce que, disent-ils, la cession ne crée aucun lien juridique entre le bailleur et lui (2). Mais alors, il est permis de se demandeur comment il se fait que le bailleur ait une action contre le dernier cessionnaire occupant les lieux.

Ce ne sont donc pas les arrêts eux-mêmes qui pourront nous fournir une base juridique sérieuse du système élaboré par la jurisprudence. Un auteur, M. Guillouard (3), a essayé de synthétiser cette jurisprudence et de l'expliquer de la façon suivante. Le premier cessionnaire est tenu envers le bailleur, mais il ne l'est pas comme le premier preneur pour un temps déterminé, il pourrait donc mettre fin à son obligation en résiliant sa cession; il pourra, semble-t-il, arriver au même résultat, en cédant à son tour le droit au bail, et l'on s'explique ainsi comment il se fait que les cessionnaires intermédiaires ne soient pas soumis

(1) Cass. 19 juin 1876; Paris, 7 février 1877; Paris, 4 février 1879. Précités.

(2) Lyon, 30 juin 1887, précité.

(3) *Op. citat.*, p. 367-368.

à une action directe du bailleur. Le dernier, étant encore en jouissance, y reste soumis, de même le preneur primitif qui, lui, est tenu pour un temps déterminé et ne peut échapper à l'action du bailleur avant l'expiration de ce temps. Mais avec une pareille explication, nous sommes loin des théories de la stipulation pour autrui et de la délégation qui forment le droit commun en matière de cession de dettes.

Une autre hypothèse, assez fréquente en pratique, est la cession que fait de son portefeuille une Compagnie d'assurances à une autre Compagnie similaire (1). Il arrive fréquemment qu'une Compagnie d'assurances sur le point de sombrer, ou pour toute autre cause, cède à une autre Compagnie toutes ses polices. En pareil cas, comme tout à l'heure en matière de cession de bail, deux questions se posent : que vont devenir, et l'action de la Compagnie pour le paiement des primes, et l'action éventuelle des assurés contre la Compagnie en cas de sinistre ?

En ce qui concerne la première, certains arrêts ont refusé aux Compagnies cessionnaires le droit de l'intenter contre les assurés (2). Solution émi-

(1) Labbé, note au Sirey 82-2-1 ; Martin, *Revue pratique*, 1884. Lambert, *op. citat.*, p. 236-241 ; Gaudemet, *op. citat.*, p. 416 ; Champeau, thèse de doctorat, p. 229-231.

(2) Douai, 19 nov. 1879 ; Grenoble, 17 nov. 1880 ; Trib. de Nyons, 4 déc. 1880 ; Trib. de la Seine, 23 déc. 1880, S. 82-2-1. Trib. Toulouse, 20 janv. 1878 ; *Journ. des ass.*, 1878, p. 168 ; Limoges, 1er avril 1878, *Journ. des ass.*, 1878, p. 402 ; Trib. com. Marseille, 12 août 1878, *ibid.*, 1879, p. 13 ; Trib. com. Seine, 19 oct. 1878, *ibid.*, 1878,

nemment juste, car la cession de portefeuille n'est autre qu'une cession de créance ordinaire : or, pour qu'une pareille cession soit opposable aux tiers et au débiteur, aux assurés dans l'espèce, il eût fallu, d'après l'article 1690 Code civ., qu'elle leur fût signifiée ou qu'ils l'eussent acceptée dans un acte authentique. D'un autre côté, les prospectus et circulaires envoyés par la Compagnie cessionnaire aux assurés ne sauraient être considérés comme une signification suffisante. Donc la cession de portefeuille ne leur est pas opposable, puisque les formalités exigées par l'art. 1690 C. civ. n'ont pas été remplies, et la Compagnie cessionnaire n'a pas le droit de les poursuivre directement. Malheureusement les arrêts qui admettent cette solution la fondent sur des considérations absolument fausses. Ils refusent d'admettre l'action de la Compagnie cessionnaire contre les assurés, parce que, disent-ils, ces derniers n'ont pas consenti. Mais c'est là une erreur ; de ce fait qu'une créance résulte d'un contrat synallagmatique, il ne s'ensuit pas forcément

p. 472 ; Trib. Arras, 9 juillet 1879, *ibid.*, 1879 p. 393 ; Trib. paix. Toulouse, 26 janv. 1882, *Gaz. Pal.*, 82-2-207, Paris, 4 août 1882, et Toulouse, 2 mai 1883, S. 83-2-175 ; Dijon, 2 avril 1884, S. 85-2-151 ; Trib. paix Lyon, 9 déc. 1884, *Monit. jud.* Lyon, 29 déc. 1884 ; Trib. Lyon, 24 avril 1885, *ibid.* 21 déc. 1885 ; Bourges, 16 juillet 1885, *ibid.* 18 août 1885 ; Cass. 20 octobre 1885, S. 85-1-488 ; Trib. comm. Rouen, 20 oct. 1885. *Journ. des ass.*, 1886, p. 106 ; Trib. Seine, 15 déc. 1885, *ibid.* 1886, p. 25 ; Lyon, 29 déc. 1885, D. P. 86-2-66 ; Paris, 12 janv. 1887, *Journ. des ass.*, 1887, p. 147 ; Trib. paix Reims, 24 sept. 1887, *ibid.*, 1888, p. 28 ; Trib. Chartres, 16 mai 1889, *Gaz. Pal.*, 89-2-243.

que son titulaire ne puisse la céder sans le consentement de sa contre-partie. Il faut donc décider, en bonne logique, que la Compagnie cessionnaire pourra poursuivre le paiement des primes dues par les assurés, débiteurs de la Compagnie cédante, à la condition toutefois de leur signifier la cession.

Envisageons maintenant l'hypothèse d'une dette éventuelle de la Compagnie envers l'assuré en cas de sinistre, et demandons-nous si la Compagnie cessionnaire en sera tenue. La jurisprudence a successivement appliqué à la matière deux théories différentes. Elle a d'abord vu dans le contrat de cession une véritable délégation et a exigé l'acceptation de l'assuré pour qu'il pût poursuivre la Compagnie cessionnaire (1). Il est vrai qu'elle se contentait d'une acceptation tacite. Quelques arrêts l'ont fait résulter du fait pour l'assuré de payer certaines quittances à la Compagnie cessionnaire après réception d'un avis de cession, à moins toutefois que le payeur ne fût illettré et que l'agent de la Compagnie fût resté le même (2). D'autres, allant plus loin, ont vu une acceptation tacite dans la poursuite intentée par l'assuré contre la Compagnie cessionnaire en payement de l'indemnité (3). Malgré son interprétation large, une pareille opinion violait manifestement l'intention des parties qui, en dehors

(1) Cass. 27 nov. 1886, S. 88-1-378.

(2) Grenoble, 17 nov. 1880. Trib. de Nyons, 4 déc. 1880. S. 82-2-1.

(3) Cass. 26 juin 1883. S. 86-1-359.

de l'intervention des assurés, avait voulu leur faire acquérir un droit nouveau. Aussi la jurisprudence l'a-t-elle abandonnée pour appliquer désormais à la cession de portefeuille la théorie de la stipulation pour autrui (1). Mais cette dernière ne satisfait pas encore l'intention des parties, puisque l'ancienne Compagnie reste tenue, à moins, comme le fait observer M. Gaudemet, que l'on ne veuille voir dans l'acceptation de l'assuré la transformation de la stipulation pour autrui en délégation, mais une pareille transformation est impossible d'après les principes généraux du droit (2).

Il serait donc à souhaiter que la jurisprudence adoptât, en matière de cession de portefeuille, un système nouveau analogue à celui qu'elle applique en matière de session de bail. Nous avons vu, en effet, qu'en cette dernière matière elle tend à permettre à un débiteur de se subroger un tiers dans sa dette en dehors du concours du créancier, à condition toutefois qu'une pareille subrogation ne soit opposable à ce dernier, tant qu'il n'a pas ratifié, que dans la mesure où elle ne porte pas préjudice aux droits qu'il a acquis.

Il est même regrettable que nulle part dans notre droit on ne trouve un pareil principe posé. Pourtant notre Code civil, lui-même, dans son article 1743, nous fournit un exemple de cession de créance, issue

(1) Cass. 26 juin 1888, S. 88-1-378.
(2) Gaudemet, *op. citat.*, p. 418-419

d'un contrat synallagmatique, emportant de plein droit cession de la dette correspondante (1).

En droit romain (2) et dans notre ancien droit, en matière de vente d'un immeuble loué, on appliquait la règle « vente passe louage ». Règle parfaitement juridique d'ailleurs, puisque l'acquéreur d'une part, n'étant qu'un successeur à titre particulier de son vendeur, n'a pas à exécuter les obligations contractées par ce dernier et que le locataire, d'autre part, n'ayant, en vertu de son contrat de bail, qu'un simple droit de créance contre le vendeur, son bailleur, ne peut prétendre l'opposer à l'acquéreur de l'immeuble. Malheureusement une pareille règle, quoique très conforme aux principes généraux du droit, n'en présentait pas moins de graves inconvénients économiques : les preneurs, menacés constamment d'être expulsés, n'osaient guère, en effet, entreprendre des œuvres de longue haleine ; aussi finit-on par prendre l'habitude d'insérer dans les contrats de vente ayant pour objet un immeuble loué, une clause obligeant l'acquéreur à « entretenir le bail » (3).

(1) Les usages commerciaux nous fournissent un exemple analogue en matière de cession d'entreprise théâtrale. Il est, en effet, à peu près universellement admis aujourd'hui, soit en doctrine, soit en jurisprudence, que le cessionnaire d'une pareille entreprise est tenu, de plein droit, à continuer les engagements pris par son cédant envers les artistes. Voyez : Catalan, *De la condition juridique des fonds de commerce*, p. 221 et suiv.

(2) Loi 9, Code, liv. IV, tit. LXV.

(3) Pothier, *Traité du louage*, nos 192 et suiv.; Merlin, *Répertoire*, v° Bail, XIII, 2.

Une loi de l'Assemblée Constituante commença une réforme importante en cette matière, en déclarant les baux à ferme opposables au nouvel acquéreur de l'immeuble; mais c'est au Code civil que revient l'honneur de la réforme complète, puisqu'il a étendu cette règle à tous les baux sans distinction. Aujourd'hui donc, d'après l'article 1743 Code civil, l'acquéreur d'un immeuble loué est obligé de respecter les baux ayant date certaine.

Si tous les auteurs s'accordent à reconnaître l'utilité pratique d'une pareille disposition, le même accord est loin de régner entre eux, lorsqu'il s'agit d'en déterminer le fondement. Une première opinion, très brillamment soutenue par Troplong (1) et aujourd'hui abandonnée par la doctrine (2) et la jurisprudence (3), admettait que le droit conféré au preneur par le contrat de bail était un véritable droit réel, opposable, comme tel, aux divers propriétaires successifs de l'immeuble sur lequel il portait. Une pareille opinion n'était guère soutenable, en effet, car il résulte clairement de la définition, que le Code donne, lui-même, du louage, que ce contrat n'engendre au profit du bailleur ou du preneur que des droits personnels. D'autres auteurs (4)

(1) *Traité de l'échange et du louage*, II, nos 473 et 487.

(2) Colmet de Santerre, *op. citat.*, VII, nos 189 *bis* et 198 *bis* ; Aubry et Rau, *op. citat.*, IV, § 365. Texte et note 7.

(3) Cass., 11 février 1865, S. 65-1-113 ; Lyon, 1 juillet 1881, S. 82-2-212.

(4) Aubry et Rau, *op. citat.*, IV, § 369, p. 501, note 32.

soutiennent, aujourd'hui, que notre article 1743 n'est qu'une application extensive, faite par le Code en notre matière, de la maxime : *Nemo plus ad alium juris transfere potest quam ipse habet.* Le droit du preneur, disent-ils, n'est pas un droit réel, mais n'empêche que le propriétaire en concédant un pareil droit de jouissance a limité son droit de propriété ; donc, lorsqu'il cède ce dernier, il doit le céder ainsi limité. Cette opinion se contente d'imposer à l'acquéreur le seul respect du contrat de bail, le vendeur restant toujours créancier et débiteur en vertu de ce contrat. Sans parler des nombreuses difficultés qu'une semblable situation ne manquerait pas d'entraîner en pratique, nous pouvons tout au moins affirmer que cette opinion est contraire aux précédents historiques de notre article. Il est à peu près universellement admis, aujourd'hui, que le Code n'a fait que sous-entendre dans tous les contrats de vente, ayant pour objet un immeuble loué, l'ancienne clause d'« entretien du bail » que les parties, jadis, avaient l'habitude d'y insérer (1). Donc, l'acquéreur, en vertu de notre article 1743, n'est pas seulement obligé à supporter le bail, la loi lui impose encore l'obligation active de l'entretenir. Aussi, croyons-nous avec M. Mourlon (2), que notre article contient une véritable cession de créance légale em-

(1) Pothier nous dit même que de son temps cette clause était sous-entendue en cas de donation entre vifs d'un bien loué (*Traité du Louage*, n° 296).

(2) *Revue pratique*, 1870, p. 196.

portant, de plein droit, cession de la dette correspondante (1).

La loi suppose que le bailleur, en vendant son immeuble, a cédé en même temps, à l'acquéreur, le droit de créance qu'il avait contre le preneur. Cette présomption n'a rien de bien surprenant, car, les loyers d'un immeuble étant considérés comme les fruits civils du dit immeuble, rien d'étonnant à ce que, se débarrassant de son immeuble, le vendeur ait entendu céder en même temps le droit aux fruits. Mais si l'on admet avec nous que le bailleur se soit ainsi dépouillé au profit de l'acquéreur de sa créance des loyers, on ne peut supposer qu'il ait entendu conserver seulement les charges que lui imposait le contrat de bail ; aussi la loi décide-t-elle que l'acquéreur devra entretenir le bail, c'est-à-dire qu'il sera tenu envers le preneur des mêmes obligations que son vendeur. Cette explication de l'article 1743 nous paraît la meilleure, aussi croyons-nous inutile de faire, comme M. Huc, des raisonnements subtils pour en arriver à soutenir que, par l'effet du contrat de bail, le bailleur est implicitement constitué le mandataire du preneur pour stipuler au profit de ce dernier le maintien du bail en cas d'aliénation de l'immeuble (2). Solution qui ne se trouve nulle part dans la

(1) Ceux qui, comme M. Gaudemet, expliquent le transport à un ayant cause particulier, d'une charge personnelle accessoire au bien transmis, par la stipulation pour autrui, en voient une application dans l'article 1743 Code civil (Gaudemet, *op. citat.*, p. 393).

(2) *Op. citat.*, I, n° 203.

loi, mais que M. Huc est bien forcé d'admettre, puisqu'il part de ce principe, que tout droit mélangé d'obligation est intransmissible.

D'après nous, dans le cas particulier de vente d'un immeuble loué, le Code admet que la cession de la créance des loyers emporte de plein droit cession de la dette correspondante. Il est malheureusement regrettable qu'une pareille règle n'ait pas été étendue à tous les cas de cession de créance née d'un contrat synallagmatique. Pour ceux qui, comme nous, admettent l'existence d'un rapport d'équivalence entre les obligations nées d'un pareil contrat, notre solution s'impose, car une créance née d'un contrat synallagmatique ne peut, sans se dénaturer, être cédée indépendamment de la dette correspondante.

## CONCLUSION

Pour nous résumer et pour conclure, nous dirons que le rapport qui existe entre les deux obligations, engendrées par un contrat synallagmatique, varie suivant que l'on envisage telle ou telle période de l'existence du contrat.

Au moment de sa formation, nos deux obligations sont étroitement liées l'une à l'autre, puisque mutuellement elles se servent de cause. L'une ne saurait naître sans l'autre, et, même, si l'une est entachée de nullité par suite de la minorité ou de l'erreur de la partie qui la contracte, l'autre subira le même sort, car le contrat tout entier est nul.

Le contrat formé, le lien qui unissait nos deux obligations, au moment de leur naissance, se relâche un peu, sans néanmoins complètement disparaître. Conformément à l'intention des parties, de tout temps les obligations issues d'un même contrat synallagmatique ont dû être, entre elles, dans un certain rapport de dépendance ; mais toutes les législations n'ont pas consacré un pareil principe. Le droit romain et notre très ancien droit, qui, en matière d'obligations, a bien souvent adopté la doctrine romaine, ne le connaissaient pas ou du moins ne le sanctionnaient par aucune disposition. Les parties étaient obligées d'insérer une clause expresse dans leur contrat pour que celui-ci pût être résolu en cas d'inexécution de l'une des obligations. Un premier pas vers la reconnaissance législative de notre principe fut fait par nos anciens Parlements, qui finirent par sous-entendre, dans tout contrat synallagmatique, l'ancien pacte commissoire que les parties avaient pris l'habitude de toujours y insérer. Mais c'est au Code civil que revient l'honneur de l'avoir consacré définitivement en posant comme règle, dans son article 1184, que tout contrat synallagmatique sera résoluble pour inexécution de l'une des obligations.

Le principe posé, restait à déterminer exactement en quoi consiste ce rapport de dépendance qui existe entre nos deux obligations. Après avoir écarté, comme nous paraissant trop exagérés, les systèmes successivement poposés par Demolombe, d'abord, par Keller et Karlowa, ensuite, nous nous sommes rangé à celui que soutient M. Saleilles et d'après lequel ce serait un simple rapport d'équivalence qui unirait nos deux obligations. Ces dernières, en effet, ne sont affectées l'une par l'autre pas plus quant à leur contenu que quant à leur cause : elles restent entières au point de vue juridique, mais elles se tiennent l'une en face de l'autre à titre équivalent, si bien, avons-nous vu, que l'une ne peut subsister lorsque l'autre a disparu. Avec un pareil système, il nous a été facile d'expliquer les règles relatives aux risques, à l'exception *non adimpleti contractus* et à la résolution qui, précisément, ne sont que des conséquences de ce rapport d'équivalence qui unit nos deux obligations.

On ne saurait donc nier l'existence d'un lien étroit entre les diverses obligations qu'engendre tout contrat synallagmatique. Un pareil principe résulte non seulement des textes mêmes du Code, mais des règles les plus élémentaires de l'équité. Il serait à désirer que la jurisprudence l'admît enfin, et en fît une complète application à toutes les espèces qui lui sont soumises.

# TABLE DES MATIÈRES

www.ingramcontent.com/pod-product-compliance
Ingram Content Group UK Ltd.
Pitfield, Milton Keynes, MK11 3LW, UK
UKHW022107260726
13993UKWH00001B/365

9 782329 463292